SCHLUSS MIT ~~NEGATIVEN GEDANKEN~~

WEITERE BÜCHER VON JOSEPH PRINCE

Keine Angst mehr
Hoffnung, die nie enttäuscht
Jesus, mein bester Freund
Expedition Verheißenes Land
Zur Herrschaft bestimmt – 365 Andachten
Das Eine, das zählt
Gedanken für ein Leben des Loslassens
Gnadenzusagen für Mütter
Gnadenzusagen für Väter
Die Heilkraft des Abendmahls
Heilungszusagen
Versorgungszusagen
Unaufhaltsamer Glaube
Gib mir diesen Berg
Lass los und lebe
Das Gebet des Schutzes
Das Gebet des Schutzes – Andachten
Unverdiente Gunst
100 Tage der Gunst
Die Revolution der Gnade
100 Tage in der Kraft des richtigen Glaubens
Zur Herrschaft bestimmt
Iss dich zu Leben und Gesundheit
Gesund und heil durch das Abendmahl
Geistliche Kampfführung

Mehr Informationen zu seinen Büchern und anderem inspirierenden Material findest du auf: **www.josephprince.de** und **www.gracetoday.de**

JOSEPH PRINCE

SCHLUSS MIT NEGATIVEN GEDANKEN

Besiege Entmutigung & Depression

AUS DEM ENGLISCHEN VON
GABRIELE KOHLMANN

Die englische Originalausgabe erschien im Verlag 22 Media Pte. Ltd. unter dem Titel *No More Mind Games*. Copyright © 2018 by Joseph Prince. Published by arrangement with 22 Media Pte. Ltd., www.josephprince.com.

Die Deutsche Nationalbibliothek verzeichnet diese Publikation in der Deutschen Nationalbibliografie; detaillierte bibliografische Daten sind im Internet über http://dnb.dnb.de abrufbar.

Umschlaggestaltung: © 22 Media Pte. Ltd.
Corporate Design: spoon design, Olaf Johannson
Lektorat: Esther Middeler, Thilo Niepel
Satz: Grace today Verlag
Druck: CPI – Clausen & Bosse, Birkstraße 10, 25917 Leck
Printed in Germany

2. Auflage 2024

Taschenbuch: ISBN 978-3-95933-105-0, Bestellnummer 372105
E-Book: ISBN 978-3-95933-106-7, Bestellnummer 372106
Hörbuch MP3-CD: ISBN 978-3-95933-107-4, Bestellnummer 372107
Hörbuch Audio-CD: ISBN 978-3-95933-108-1, Bestellnummer 372108

www.gracetoday.de

INHALT

EINLEITUNG

Wenn du gerade eine Zeit schwerer Entmutigung durchmachst und mit Depressionen und Selbstmordgedanken zu kämpfen hast, so glaube ich, dass der Herr dir heute etwas sagen will: Gib dich nicht der Dunkelheit hin, die dich zu überwältigen droht. Glaube nicht der LÜGE, dass du ein absoluter Versager bist, und dass es nur einen Weg gibt, das Elend und den Schmerz zu beenden, die dich schon so lange belasten. Du bist *nicht* allein. Das kommt dir jetzt vielleicht anders vor, aber ich möchte, dass du weißt: Gott liebt dich und er hat einen Plan für dein Leben. Es ist kein Zufall, dass du dieses Buch in deinen Händen hältst. Er hat es irgendwie so eingefädelt, und ich bete, dass du weiterliest und mir die Möglichkeit gibst, dir zu zeigen, was Gott in seinem Herzen für dich empfindet.

Es gibt einen Feind, der dich isolieren will. Er spielt Psychospielchen mit dir und will dir das Gefühl geben, dass du ein Versager bist und es keine Hoffnung gibt. Er will deinen Frieden, deine Freude und alles Gute in deinem Leben stehlen. Dieser Feind will dich zerstören und töten. ABER es gibt auch einen Gott, der sich bis ins kleinste Detail um dich kümmert – einen Gott, der den Schmerz sieht, den du durchmachst. Er hat den Preis dafür bezahlt, dass du dieses Leben genießen kannst, anstatt es nur zu *ertragen*. Unser Herr Jesus sagte: »Ein Dieb will rauben, morden und zerstören. Ich aber bin gekommen, um ihnen das Leben in ganzer Fülle zu schenken« (Johannes 10,10). Mein Freund (damit meine ich natürlich immer auch alle Leserinnen), das ist Gottes Wunsch für dich: Er möchte, dass du ein reiches, erfülltes Leben hast, das du in vollen Zügen genießen kannst.

Ich weiß nicht, welche Lasten du trägst. Vielleicht kämpfst du mit einer geheimen Sucht und die Scham darüber zerfrisst dich. Vielleicht musst du einen Fehlschlag nach dem anderen einstecken und hast jetzt einen Punkt erreicht, an dem du keinen Ausweg mehr siehst. Vielleicht wurde dir immer wieder erzählt, dass du wertlos bist, und dir wurden erniedrigende Dinge gesagt und angetan. Vielleicht hast du schon so lange mit verschiedenen Problemen zu kämpfen, dass du inzwischen innerlich taub, nur noch erschöpft und bereit bist, das Handtuch zu werfen. Vielleicht sehen deine Instagram-Highlights supertoll aus, aber im Innern spürst du eine zunehmende Leere. Du hast das Gefühl, gefangen zu sein, und denkst, dass es nie wieder besser werden wird.

Ich behaupte nicht, Antworten auf die Fragen zu haben, die dich belasten. Ich kann dir nicht sagen, warum dein Mann dich betrogen hat oder warum deine Firma dich einfach so entlassen hat. Ich kann nicht erklären, warum die Medikamente, die du genommen hast, nicht zu wirken scheinen, oder warum du die Traurigkeit, die dich verschlingt, nicht stoppen kannst.

Was ich dir aber sagen kann, ist, dass die Bibel zu den Leiden, die du durchmachst, nicht einfach schweigt. Ich wünsche mir für dich, dass die Berichte, die du gleich lesen wirst, deine Augen öffnen und dich sehen lassen werden, wer Gott ist und wie sehr er *dich* liebt. Ich bete, dass der Herr dir Wahrheiten zeigen wird, die dazu führen, dass dein Herz mit einem übernatürlichen Frieden erfüllt wird, der über menschliches Verstehen hinausgeht; Wahrheiten, die dich von den Fesseln der Depression befreien werden. Dir ist vielleicht danach, dich selbst aufzugeben, aber Gott ist nicht bereit, dich das tun zu lassen.

Darf ich dir einen Gott vorstellen, der deine Gebrochenheit und Verzweiflung nehmen und dir im Tausch seine Freude geben will? Erlaubst du mir, dir von einem Gott zu erzählen, der in deinen dunkelsten Stunden zu dir kommt – einem Gott, der alles aufgegeben hat, damit du dich nie wieder allein fühlen musst? Und erlaubst du mir auch, dir einige praktische Schritte zu zeigen, die du unternehmen kannst, während du deine Hand in seine legst und dich von ihm lieben lässt, bis du wieder ganz heil und gesund bist?

Ich danke dir vielmals. Ich bete mit dir für deinen Durchbruch und ich glaube, dass deine besten Zeiten noch vor dir liegen.

KAPITEL 1

Du bist nicht allein

1

DU BIST NICHT ALLEIN

Ich glaube, wir leben in einer Zeit, in der der Feind zunehmend die Waffen der Entmutigung und Depression einsetzt, und ich spüre, wie dringlich und wichtig es ist, die Wahrheit von Gottes Wort in diesem Bereich aufzuzeigen. Es ist etwas, was ich in der Gesellschaft insgesamt beobachte – so haben in den letzten Jahren mehrere Selbstmorde prominenter Persönlichkeiten die Menschen überall auf der Welt schockiert und traurig gemacht. Ich sehe es an der zunehmenden Anzahl von Menschen, die von Schmerzmitteln abhängig sind, die an Depressionen, Angststörungen und Einsamkeit leiden, und an dem gleichzeitigen Anstieg der Selbstmordrate.[1] Aber auch im Leib Christi scheint der Feind mehr denn je Entmutigung und Depression zu nutzen, um gegen Pastoren, Leiter und andere kostbare Menschen vorzugehen, die sich mit Herzblut für das Volk Gottes einsetzen.

Mein Team und ich erhalten viele Gebetsanliegen von Menschen, die mit Depressionen und Ängsten kämpfen. Manche von ihnen leiden an einer posttraumatischen Belastungsstörung. Andere kämpfen mit postnatalen Depressionen. Einige, bei denen alles gut zu laufen scheint, haben trotzdem das Gefühl, dass sie irgendwie gefangen sind und ihr Leben keine Bedeutung hat. Viele dieser Menschen fühlen sich psychisch und emotional erschöpft. Sie sind angesichts der Situationen, denen sie ausgesetzt sind, oft überfordert, entmutigt und fühlen sich in ihren Kämpfen alleingelassen. Viele sehen keine Hoffnung in ihrem Leben und stehen kurz davor, aufzugeben.

Wenn dir das, was ich hier schildere, schmerzlich vertraut vorkommt, möchte ich, dass du weißt: Du liest die Worte auf dieser Seite nicht zufällig. Ich bin überzeugt, dass du sie deshalb liest, weil du zum Herrn um Hilfe gerufen hast und er dir auf diese Weise antwortet. Oder vielleicht ist Gott dir ja fremd, aber du hast Freunde und Verwandte, die ihn kennen. Wenn ja, dann ist das, was du in der Hand hältst, vielleicht einer der Wege, wie der Herr ihre Gebete für dich erhört, und mein Gebet ist, dass du bis zum Ende dieses Buches den Herrn kennengelernt hast.

Wie auch immer deine Umstände sein mögen und wie auch immer dieses Buch in deine Hände gelangt ist, ich bete, dass deine Augen beim Weiterlesen geöffnet werden, damit du die Länge, Breite, Tiefe und Höhe seiner alles übersteigenden Liebe zu dir sehen kannst. Ich bete, dass du eine Offenbarung unseres Herrn Jesus bekommst, die jede Lüge aufdeckt und zerschmettert, mit der der Feind dich gefangen hält. Ich bete, dass diese Offenbarung die Fessel der Depression in deinem Leben zerreißt und Hoffnung in deinem Herzen aufkommen lässt. Ich bete, dass du von jedem bedrückenden Gedanken, jeder Sucht, jeder Gebrochenheit und jedem Gefühl der Hoffnungslosigkeit, des Versagens und der Ablehnung befreit wirst, während du mehr und mehr von unserem Herrn Jesus zu sehen bekommst, der dein »bewährter Helfer« in den Zeiten deiner Not ist (Psalm 46,1 HFA)!

Auch sie waren entmutigt

Ich möchte dir gleich zu Anfang zeigen, dass Depressionen, Angst und Verzweiflung keine Zustände sind, die erst heutzutage existieren. In der ganzen

Bibel finden wir Männer und Frauen, die in tiefster Entmutigung zu Gott geschrien haben, wobei einige von ihnen sogar Selbstmordgedanken äußerten. Hier sind nur einige Beispiele biblischer Gestalten, die durch Depressionen gegangen sind. Ich bete, dass ihre Geschichten dir helfen zu erkennen, was der Herr für dich empfindet.

In 1. Könige 19 lesen wir von Elia. Er war ein mächtiger Prophet, der Feuer vom Himmel herabgerufen und Tote auferweckt hatte. Dennoch kam er in seinem Leben an einen Punkt, an dem er, verfolgt von seinen Feinden, so mutlos wurde, dass er darum bat, sterben zu dürfen. Die Bibel berichtet, wie er zu Gott rief: »Herr, ich kann nicht mehr. Lass mich sterben! Ich *bin* nicht besser als meine Vorfahren« (1. Könige 19,4 GNB).

Gott hatte mächtige Wunder durch Elias Hände gewirkt. Aber als Elia *sah*, dass seine Feinde ihn töten wollten, vergaß er den Gott, der ihn zum Bach Krit geführt und Raben zu ihm geschickt hatte, die ihn morgens und abends mit Nahrung versorgten. Er vergaß das Mehlfass, das nie leer wurde, und den Krug, dessen Öl nie versiegte. Er vergaß den Gott der Auferstehung, der den Sohn der Witwe wieder zum Leben erweckte, den Gott, der mit Feuer antwortete, den Gott, der den Regen zurückhalten und senden konnte (siehe 1. Könige 17; 18,24 und 38–45). Wir lernen daraus, dass es uns leicht so ergehen kann wie Elia, indem wir uns in den sichtbaren, zeitlichen Dingen verfangen und darüber den unsichtbaren, ewigen Gott aus den Augen verlieren, obwohl wir mit ihm schon großartige Dinge erlebt haben.

In den Evangelien finden wir die Geschichte des Geraseners, der von einem bösen Geist besessen war und in den Grabhöhlen lebte. In Markus' Bericht lesen wir, dass er ständig, Tag und Nacht, schrie und sich selbst mit Steinen schlug (siehe Markus 5,5).

In Lukas 24 wird von zwei Jüngern berichtet, die auf dem Weg nach Emmaus waren. Sie hatten ihre Hoffnung darauf gesetzt, dass Jesus der verheißene Messias sei, der Israel retten würde. Aber dann war er von Soldaten gefangen genommen und gekreuzigt worden, und jetzt waren sie »gebrochenen Herzens« (Lukas 24,17 AMP).

Vielleicht kennst du solche Gefühle der Verzweiflung und Qual, wie sie in diesen Geschichten beschrieben werden. Vielleicht siehst du dich wie Elia in deinem Dienst oder deinem Berufsleben als totaler Versager. Du bist von dir selbst grenzenlos enttäuscht und hast das Gefühl, dass du es nicht verdienst, am Leben zu bleiben. Vielleicht denkst du, dass deine besten Tage hinter dir liegen und dass du für andere nur noch eine Last bist. Oder vielleicht stehst du bei der Arbeit oder in deiner Familie unter enormem Stress und bist es einfach so leid, dass du ständig nur kämpfen musst.

Du bist nicht allein. Du hast einen *guten Gott*, der dich liebt.

Vielleicht wirst du, wie der Mann in Gerasa, von den Dämonen deiner Vergangenheit gequält. Vielleicht hast du dich wie er abgeschottet, und die Gedanken, die deinen Kopf füllen, sind krankhaft und voller Tod. Vielleicht wurde dir etwas angetan und jetzt ritzt du dich, um den tiefen Selbsthass und Schmerz auszudrücken, die du nicht in Worte fassen kannst. Du fügst dir körperlichen Schmerz in der Hoffnung zu, dass er den seelischen und emotionalen Schmerz in dir übertäubt.

Oder vielleicht hast du wie die beiden Jünger auf etwas oder in jemanden deine Hoffnungen gesetzt, und jetzt ist dein Herz gebrochen, weil sich deine Hoffnungen zerschlagen haben. Vielleicht hat dich ein Familienmitglied im Stich gelassen und jetzt fühlst du dich allein und hilflos und hast Angst. Was auch immer du durchmachst, der Feind möchte dich denken lassen, dass dich niemand versteht. Heute bete ich, dass du erkennst, *dass du nicht allein bist.* Du hast einen guten Gott, der dich liebt und dessen Treue allen Generationen gilt (siehe Psalm 119,90)!

Gott hat dich nicht verlassen

In der Bibel lesen wir, dass Elia allein in der Wüste war, als er zu Gott rief. Der Engel des Herrn kam zu ihm, als er schlief, und weckte ihn. Er hatte Elia zur Stärkung frisches Fladenbrot und einen Krug Wasser gebracht (siehe 1. Könige 19,5–6). Elia aß und trank und legte sich dann wieder hin. Und der Engel des Herrn kam ein zweites Mal, berührte ihn und sagte: »Steh auf *und* iss! Sonst ist der Weg zu weit für dich« (1. Könige 19,7 EÜ).

Wenn man im Alten Testament auf den »Engel des Herrn« stößt, bezieht sich das in den meisten Fällen auf das Erscheinen Christi vor seiner Menschwerdung. Welch ein schönes Bild von unserem Herrn Jesus, der uns aufsucht, um uns in unseren Zeiten der Entmutigung zu stärken und zu nähren! In den Zeiten seines Glaubens wurde Elia von Raben versorgt und von einer Witwe beköstigt (siehe 1. Könige 17,3–6.8–15). Aber in den Zeiten seiner Depression dienten ihm Engel, und Gott selbst kam zu ihm und versorgte ihn mit Nahrung.

Derselbe Jesus, der Elia in der Wüste aufsuchte, suchte auch den besessenen Gerasener zwischen den verlassenen Gräbern auf. Das Markusevangelium berichtet, wie unser Herr Jesus einen ganzen Tag damit zubrachte, die Menschenmengen zu lehren. Doch als es Abend wurde, wies er seine Jünger an, ihn in das Land der Gerasener auf der anderen Seite des Sees Genezareth zu bringen. Ich glaube, er hatte den Schrei eines einzelnen Menschen gehört und fuhr nur aus einem einzigen Grund über den See: um diesen Menschen zu retten. Jener Mann hatte »seit langer Zeit Dämonen« (Lukas 8,27 SLT), aber nach nur einer Begegnung mit Jesus wurde er von seiner Unterdrückung befreit. Später fand man ihn »ordentlich angezogen und bei klarem Verstand« zu den Füßen Jesu sitzend (Lukas 8,35 GNB). Es spielt keine Rolle, wie lange schon depressive Gedanken deinen Verstand gefangen halten. In einem einzigen

Augenblick kann unser Herr Jesus dich befreien. Hierum bete ich heute für dich.

Was die beiden Jünger betrifft, so sagt uns die Bibel, dass auf dem Weg nach Emmaus »**Jesus selbst** zu ihnen [trat] und sich ihnen an[schloss]« (Lukas 24,15 NGÜ). Und er sagte zu ihnen: »Was habt ihr unterwegs miteinander besprochen, und warum seid ihr so traurig?« (Lukas 24,17 SLT). Weißt du, dass unser Herr Jesus es bemerkt, wenn du traurig bist? Die Menschen um dich herum wissen vielleicht nicht, was du durchmachst – sie sehen nur die fröhlichen Bilder, die du in den sozialen Medien veröffentlichst. Sie wissen nichts von der Leere und Verzweiflung, die du so gut verstecken gelernt hast, aber Jesus weiß davon. Er kennt deine verborgene Traurigkeit, und er selbst kommt ganz nah zu dir.

Möchtest du wissen, was unser Herr Jesus getan hat, um die beiden Jünger aus ihrer Verzweiflung zu holen? Die Bibel sagt uns, dass »er ihnen alles [erklärte], was in der Schrift über ihn geschrieben stand« (Lukas 24,27). Je mehr wir Jesus in der Bibel sehen, desto mehr verliert die Traurigkeit ihre Macht über uns. Die Jünger sagten später zueinander: »Brannte nicht unser Herz in uns, als er unterwegs mit uns sprach und uns die Schrift auslegte?« (Lukas 24,32).

Wenn du spürst, dass dein Herz jetzt in dir brennt, dann ist das dein Herr Jesus, der zu dir spricht und dir seine Liebe offenbart. Aber selbst, wenn du nichts fühlst, weiß ich, während ich diese Worte schreibe, dass er seine Hand nach dir ausstreckt. Er liebt dich – mehr, als du je begreifen kannst!

Du bist nicht allein

Vielleicht hast du die Lüge geglaubt, dass du in deiner Entmutigung und Depression allein bist. Ich bete, dass du hier schon einen ersten Blick auf einen Gott werfen konntest, der dich liebt; einen Gott, der weiß, dass du leidest. Er ist in diesem Moment auf dem Weg zu dir. Er wartet nicht darauf, dass du dich zusammenreißt. Unser Herr Jesus ist nicht weit weg und dein Schmerz ist ihm nicht egal. Sein Herz ist voller Liebe und Mitgefühl für dich. Auf Hebräisch lautet sein Name *Jeschua* und bedeutet »Rettung«.[2] Heute will er dich retten.

Er weiß, wie schwer deine Lasten sind und wie erschöpft du dich fühlst. Er weiß, dass die vor dir liegende Reise zu weit für dich ist. Gerade jetzt sagt er zu dir: »Kommt alle her zu mir, die ihr müde seid und schwere Lasten tragt, ich will euch Ruhe schenken« (Matthäus 11,28). Wenn du müde bist und die Last, die du trägst, zu schwer für dich geworden ist, gilt dir diese Einladung. Wirst du ihn beim Wort nehmen und dich von ihm versorgen lassen? Wirst du ihm deine Lasten geben und seine Ruhe empfangen?

Jesus bereitete für Elia Brot zu und stärkte ihn, als dieser keinen Lebenswillen mehr hatte. Aber wusstest du, dass Jesus auch für seine Jünger Brot zubereitete, als sie erschöpft vom Fischen zurückkehrten, nachdem sie die ganze Nacht lang nichts gefangen hatten?

Vielleicht weißt du, wie es ist, die ganze Nacht zu arbeiten und absolut nichts zu fangen. Oder vielleicht hast du immer wieder versucht, aus deiner Sucht herauszukommen, aber bist immer wieder gescheitert. Das Johannesevangelium berichtet, dass die Jünger, als sie ans Ufer zurückkehrten, »ein Kohlenfeuer brennen [sahen], auf dem Fisch gebraten wurde; dazu gab es Brot« (Johannes 21,9). Jesus sagte einmal: »Ich bin das Brot des Lebens. Wer zu mir kommt, wird nie wieder hungern. Wer an mich glaubt, wird nie wieder Durst haben« (Johannes 6,35).

In diesem Moment bereitet er Brot *für dich* zu und lädt dich ein, an ihm, dem Brot des Lebens, teilzuhaben. War es eine lange Nacht für dich? Er sagt zu dir: »Komm her und frühstücke« (siehe Johannes 21,12).

Aus eigener Kraft kannst du dich nicht aus deiner Depression befreien. Deine Willenskraft reicht nicht aus, um dich aus der Dunkelheit und Verzweiflung herauszukämpfen. Aber wenn du an unserem Herrn Jesus und seinem vollbrachten Werk am Kreuz teilhast, kannst du übernatürliche Kraft empfangen.

Nachdem Elia gegessen hatte – so wird uns in der Bibel berichtet –, war er durch die Nahrung so gestärkt, dass er vierzig Tage und Nächte lang wandern konnte (siehe 1. Könige 19,8). Der Körper Jesu wurde für dich zerschlagen, damit du an Körper, Seele und Geist heil und gesund sein kannst. Habe heute an ihm teil, indem du über alles nachdenkst, was er für dich am Kreuz getan hat. Erlaube ihm, dich zu stärken und zu versorgen. Und wenn du auf ihn vertraust, dann lautet sein Versprechen an dich:

Es mag sein, dass selbst junge Leute matt und müde werden und junge Männer völlig zusammenbrechen, doch die, die auf den Herrn warten, gewinnen neue Kraft. Sie schwingen sich nach oben wie die Adler. Sie laufen schnell, ohne zu ermüden. Sie gehen und werden nicht matt. — Jesaja 40,30–31

Das soll nicht heißen, dass du sofort stark sein musst. Der Herr ist überaus sanft und geduldig, und er ist mehr als bereit, diesen Weg mit dir zu gehen. Er gab Elia zu essen und ließ ihn ausruhen, bevor er ihm nochmals etwas zu essen gab. Sieh, wie behutsam und liebevoll der Herr auch dich versorgt. Ich bete, dass deine Kraft wie nie zuvor erneuert wird, wenn du über seine Liebe und seine Zusagen an dich nachdenkst.

Wenn dir kein Gebet mehr über die Lippen kommt

Vielleicht bist du an einem Punkt, an dem du vor lauter Entmutigung so erschöpft bist, dass du noch nicht einmal mehr die Kraft zum Beten hast. Vielleicht fehlt dir wie Elia die Energie zum Leben und du willst einfach nur noch schlafen. Vielleicht bist du wie betäubt, völlig leer und nicht mehr fähig, irgendetwas zu fühlen oder zu tun. Mein Freund, der Herr verlangt von dir nicht, dass du etwas *tust*. Er liebt dich so sehr, dass er schon alles für dich getan hat. Er erwartet nicht, dass du hübsch klingende Gebete formulierst oder in deinem »Sonntagsanzug« bei ihm auftauchst, bevor er dir hilft. Lass mich dir etwas über Gott zeigen:

> *Nach vielen Jahren starb der König von Ägypten.* ***Die Israeliten stöhnten noch unter der Sklavenarbeit****; sie klagten und ihr Hilferuf stieg aus ihrem Sklavendasein zu Gott empor.* ***Gott hörte ihr Stöhnen*** *und Gott gedachte seines Bundes mit Abraham, Isaak und Jakob. Gott blickte auf die Israeliten. Gott hatte es wahrgenommen. — 2. Mose 2,23–25* EÜ

Weißt du, was Gott gehört hat? Er hörte das *Stöhnen* der Israeliten. Auch dich hört Gott, wenn du nur noch ein Stöhnen von dir geben kannst. Selbst ein einziger geseufzter Ton erreicht den Thron. Dein Stöhnen ist als Gebet deshalb so wirkungsvoll, weil es nichts mit menschlicher Redegewandtheit und religiöser Ausdrucksweise zu tun hat, sondern dein Bedürfnis nach der Güte und Liebe Gottes ausdrückt. Wenn die Fesseln in deinem Leben und die Lasten, die du trägst, so schwer sind, dass du nur noch stöhnen kannst, zieht deine Schwäche seine Gnade an. Wenn dir bewusst ist, dass du müde, erschöpft und hilflos bist, sagt er zu dir: »Meine Kraft kommt gerade in der Schwachheit zur vollen Auswirkung« (2. Korinther 12,9 NGÜ).

Auch wenn du nur noch ein Stöhnen von dir geben kannst, hört Gott dich.

Doch als die Israeliten stöhnten, hörte Gott sie nicht nur. Er antwortete auch mit sieben »Ich will«:

Und ich habe auch das Seufzen der Kinder Israels gehört, weil die Ägypter sie zu Knechten machen, und habe an meinen Bund gedacht. Darum sage den Kindern Israels: Ich bin der HERR, und ***ich will*** *euch aus den Lasten Ägyptens herausführen und* ***will*** *euch aus*

ihrer Knechtschaft erretten und ***will*** *euch erlösen durch einen ausgestreckten Arm und durch große Gerichte. Und* ***ich will*** *euch als mein Volk annehmen und* ***will*** *euer Gott sein; und ihr sollt erkennen, dass ich, der HERR, euer Gott bin, der euch aus den Lasten Ägyptens herausführt. Und* ***ich will*** *euch in das Land bringen, um dessentwillen ich meine Hand [zum Schwur] erhoben habe, dass ich es Abraham, Isaak und Jakob gebe. Das* ***will ich*** *euch zum Besitz geben, ich, der HERR.*
— 2. Mose 6,5–8 SLT

Wie auch immer deine Situation aussehen mag, wenn du Gott heute nur dein Seufzen und Stöhnen bringen kannst, dann höre, was er dir zu sagen hat:

Ich werde *dich unter den Lasten, die du trägst, herausholen. Es spielt keine Rolle, ob dich Schuldgefühle, Scham oder finanzielle Schulden belasten, ich werde dich herausführen.* ***Ich werde*** *dich von deinen Fesseln befreien. Ob diese Fesseln nun auf deine eigenen Fehler zurückzuführen sind oder dir von anderen aufgezwungen wurden,* *ich werde dich so oder so retten.* ***Ich werde*** *dich erlösen und freikaufen.* ***Ich werde*** *dich annehmen als jemanden, der zu mir gehört, und* ***ich werde*** *dein Gott sein. Dann wirst du wissen, dass ich der Herr, dein Gott, bin, der dich aus deiner Unterdrückung befreit. Und* ***ich werde*** *dich in das Land bringen, das ich Abraham, Isaak und Jakob gegeben habe, und* ***werde*** *es dir als Erbe geben. Dank dem, was mein Sohn getan hat, kannst du ALLE meine Verheißungen furchtlos und mit Zuversicht annehmen (siehe 2. Korinther 1,20). Ich gebe sie dir allesamt als dein Erbe und zu deinem Besitz!*

Lieber Freund, das sind keine leeren Worte. Derselbe Jesus, der Elia in seinem depressiven Zustand aufsuchte, der den See Genezareth für den von Dämonen besessenen Mann überquerte und der mit den beiden Jüngern in ihrer Traurigkeit Seite an Seite ging, nähert sich in diesem Moment auch dir. Schließe deine Augen und sieh, wie er zu dir kommt, um deine Tränen abzuwischen und dich unter den Lasten, die du trägst, hervorzuholen. Er möchte, dass du alle Nöte, Sorgen, Ängste und Belastungen auf ihn wirfst. Gib ihm deine Ängste, deine Verletzungen, deinen Schmerz, deine Einsamkeit, deine Depression. Empfange stattdessen seinen Frieden, der alles menschliche Verstehen übersteigt und dein Herz und deine Gedanken bewahrt (siehe Philipper 4,7). Das ist alles, was Gott von dir verlangt. Warum? Weil er dich mit tiefer Zuneigung umsorgt (siehe 1. Petrus 5,7). Er liebt dich ganz einfach.

KAPITEL 2

GOTT WIRKT HINTER DEN KULISSEN FÜR DICH

2

GOTT WIRKT HINTER DEN KULISSEN FÜR DICH

Ich weiß, wie es sich anfühlt, unter einer Wolke der Bedrückung zu sein. Als ich ein junger Erwachsener war, passierte etwas mit meinem Denken. Ich las ein Buch, in dem behauptet wurde, man könne seine Errettung verlieren, wenn man nicht in völligem Gehorsam gegenüber Gott lebe. Irgendwie glaubte ich dem, und das brachte mich unter einen schrecklichen Zwang. Dieser Zustand dauerte über ein Jahr an.

Damals wusste ich nichts über die Gnade Gottes und die Wahrheit, dass ich allein durch den Glauben und nicht durch Werke gerechtfertigt war. Ich dachte, ich müsse Gottes Gesetzen perfekt gehorchen. Aber je mehr ich versuchte, alle Gebote vollständig zu befolgen, desto öfter versagte ich und glaubte deshalb ständig, dass ich unvergebene Sünden in meinem Leben hätte. Selbst wenn ich es schaffte, meine Handlungen zu kontrollieren, so konnte ich doch meine Gedanken nicht kontrollieren. Es war, als hätte der falsche Glaube, dass nicht alle meine Sünden vergeben waren, die Schleusen in meinem Kopf geöffnet – mein Denken wurde von schmutzigen und blasphemischen Gedanken gegen Gott überflutet. Je mehr ich versuchte, sie aufzuhalten, desto stärker übernahmen sie die Kontrolle über meinen Verstand, und ich war überzeugt, dass ich zur Hölle verdammt war. Ich konnte kaum noch schlafen, weil ich Stimmen hörte, die mit mir sprachen und mir sagten, ich solle mich umbringen.

Während dieser Zeit habe ich alles versucht. Bei jeder Gelegenheit, die ich hatte, bat ich meine Leiter um Gebet. Ich ging zu »Befreiungssitzungen«, um die »Dämonen« austreiben zu lassen, von denen ich fälschlicherweise glaubte, dass sie in mir waren. Ich betete, ich fastete und ich bekannte endlos meine Sünden. Es war mir so ernst damit, mit Gott im Reinen sein zu wollen, dass ich mitten im Gespräch mit anderen innehielt, um Gott gegenüber meine Sünde zu bekennen – zum Beispiel, wenn ich das Gefühl hatte, in einem Punkt übertrieben zu haben, oder wenn ich dachte, ich hätte eine Frau länger angesehen, als ich es hätte tun sollen. Ich begann, auf der Straße zu evangelisieren. Ich hoffte, je mehr Menschen ich retten könnte, desto eher würde Gott sich vielleicht an mich erinnern, wenn ich in der Hölle verschmachtete. Doch egal, was ich tat, es fühlte sich an, als hätte Gott mich verworfen, weil ich eine Sünde begangen hatte, die nie vergeben werden konnte. Ich fühlte mich, als gäbe es kein Licht, keine Erlösung und keine Hoffnung für mich.

Auch wenn du selbst keinen Ausweg aus deiner Entmutigung und Depression siehst, *so gibt es doch Hoffnung* für dich.

Ich erzähle dir das alles, weil ich möchte, dass du Folgendes weißt: Auch wenn du selbst keinen Ausweg aus deiner Entmutigung und Depression siehst, so gibt es TROTZDEM Hoffnung für dich. Was du gerade durchmachst, fühlt sich vielleicht so an, als würde es dich vernichten, aber das wird es nicht. Der Feind spielt ständig irgendwelche Psychospielchen mit dir, und er will, dass du denkst, dass du in deinem Kampf allein bist und dass du die Herausforderungen in deinem Leben nie überwinden wirst.

Doch die Bibel lässt uns wissen: »Noch ist keine Versuchung über euch gekommen, die den Menschen überfordert. Gott ist treu; er wird nicht zulassen, dass ihr über eure Kraft hinaus versucht werdet. Er wird euch mit der Versuchung auch einen Ausweg schaffen, sodass ihr sie bestehen könnt« (1. Korinther 10,13 EÜ). Gott ist treu, und ich glaube, er hat mich geschickt, um dich zu ermutigen. Halte durch, mein Freund, dein Durchbruch kommt noch. Halte durch, der Herr ist deine Zuflucht (siehe Psalm 28,7–8). Er wird dich nie verlassen oder aufgeben (siehe Hebräer 13,5). Deine Geschichte ist noch nicht zu Ende. Vertraue weiter auf ihn!

Auch wenn du scheiterst, bist du kein Versager

Um auf meine Geschichte zurückzukommen: Mein Kopf war so voller unkontrollierbarer Gedanken, dass es sich anfühlte, als würde er jeden Moment platzen. Aber das tat er nicht, und ich überlebte. Doch ich habe nicht nur überlebt, sondern führe jetzt ein Leben in Christus, das wirklich alles übersteigt, was ich mir hätte vorstellen können (siehe Epheser 3,20). Der Feind versuchte, mich zu Fall zu bringen, aber der Herr rettete mich. Ich verdiene keine der Segnungen, die ich genieße. Genauso wenig kann ich mir die Gnade erarbeiten, die er mir in seiner unvorstellbaren Güte erweist. Aber heute gebraucht er mich – diesen ehemals unterdrückten Mann, der stotterte und stammelte, als er mich aufnahm –, um der ganzen Welt die gute Nachricht über das vollbrachte Werk Jesu Christi zu predigen. Und ich werde weiter predigen, bis kein Atem mehr in mir ist, denn dieses Leben, das ich lebe, ist nicht meins, sondern seins.

Ich werde immer wieder verkünden, dass *wir in Christus Jesus sind*, der für uns Weisheit, Gerechtigkeit, Heiligung und Erlösung geworden ist, denn dies war der Vers, den Gott benutzte, um mich aus meiner geistigen Unterdrückung zu befreien (siehe 1. Korinther 1,30). Ich bete, dass dieser Vers auch dir helfen wird, dich IN Christus zu sehen. Wer in Christus ist, ist eine neue Schöpfung (siehe 2. Korinther 5,17). Wer in Christus ist, ist mit allem Segen gesegnet (siehe Epheser 1,3). Wer in Christus ist, ruht sicher und geschützt im Schatten des Allerhöchsten (siehe Psalm 91,1). Christus selbst ist unsere Weisheit, unsere Gerechtigkeit, unsere Heiligung und unsere Erlösung!

Es war Gott, der dich und mich *in Christus* versetzte. Niemand kann uns von dort herausholen – nicht einmal wir selbst. Sobald wir Jesus in unser Leben eingeladen haben, können wir unsere Erlösung nie wieder verlieren (siehe Johannes 10,28). »Weder Tod noch Leben, weder Engel noch Mächte, weder unsere Ängste in der Gegenwart noch unsere Sorgen um die Zukunft, ja nicht einmal die Mächte der Hölle können uns von der Liebe Gottes trennen« (Römer 8,38–39). In dem Moment, in dem wir Christus als unseren Herrn und Retter angenommen haben, waren alle unsere Sünden – vergangene, gegenwärtige und zukünftige – vollständig vergeben (siehe Epheser 1,7; Kolosser 2,13). Obwohl unsere Sünden scharlachrot waren, hat uns das Blut Jesu weißer gewaschen als Schnee (siehe Jesaja 1,18).

Ich werde weiterhin die gute Nachricht predigen, dass wir aus Gnade durch den Glauben gerettet sind, und dass es nichts gibt, was wir tun können, um seinen Segen zu verdienen – denn dieser Segen hat nichts mit uns zu tun, sondern beruht allein auf seiner unverdienten, nicht erarbeiteten Gunst (siehe Epheser 2,8). Ich werde immer wieder verkünden, dass Gott uns auch dann nicht in unseren Fehlern sieht, wenn wir versagen, sondern dass er uns *in Christus* sieht. Wir können ohne Angst zu Gott kommen, denn schon in dieser Welt sind wir wie Christus (siehe 1. Johannes 4,17). Christus ist völlig heilig und untadelig, und genauso sind es auch wir! Warum? Weil er, der völlig sündlos war, für uns zur Sünde wurde, damit wir in ihm zur Gerechtigkeit Gottes werden könnten (siehe 2. Korinther 5,21)!

Zu wissen, dass uns völlig vergeben ist und wir unwiderruflich gerettet sind, ist für unser geistiges Wohlbefinden extrem wichtig und setzt den Psychospielchen des Feindes ein Ende. Ich habe dir eben erzählt, wie ein falscher Glaube in diesem Bereich mich in eine Depression trieb. Vor einigen Jahren, als ich in Palermo in Italien predigte, lernte ich dort einen renommierten Psychiater kennen. Er erzählte mir, dass er schon unzählige Patienten hatte, die in psychiatrische Einrichtungen eingewiesen wurden, weil sie nicht glaubten, dass ihre Sünden vergeben waren und deshalb mit Schuld- und Verdammnisgefühlen kämpften. Er sagte mir, dass viele in seinem Beruf arbeitslos wären, wenn die Menschen wirklich glaubten, dass ihre Sünden vergeben sind und ihre Erlösung eine sichere Sache ist. Das weckte in mir den Wunsch, noch viel eindringlicher über die Gnade unseres Herrn Jesus Christus zu predigen, damit mehr Menschen ihn kennenlernen und die Vollkommenheit seines Werkes am Kreuz verstehen!

Gott wirkt hinter den Kulissen

Ich möchte dir etwas aus dem Leben Jakobs zeigen und ich bete, dass es dir helfen wird, ein wenig besser zu verstehen, wie gut Gott ist und warum du ihm vertrauen kannst, auch wenn deine Lage düster erscheint. In 1. Mose 37 wird geschildert, wie Jakob viele Tage lang trauerte, weil er glaubte, dass sein Sohn Josef, den er »mehr als alle seine anderen Kinder« liebte (siehe 1. Mose 37,3), von wilden Tieren gefressen worden sei. Er war untröstlich und sagte: »Ich höre nicht auf zu trauern, bis ich zu meinem Sohn hinabfahre ins Totenreich!« (1. Mose 37,35 SLT).

Vielleicht betrauerst du gerade einen Verlust in deinem Leben und es scheint so, als würde der Schmerz dich nun bis an dein Lebensende begleiten. Dieser Verlust mag der Tod eines geliebten Menschen sein oder vielleicht ist ein Traum gestorben, auf den du viele Jahre hingearbeitet hast. Ich weiß, dass der Schmerz sich anfühlen kann, als wäre er unerträglich, aber vertraue weiterhin dem Herrn, mein Freund.

Nun, die Jahre vergingen und in 1. Mose 42 wird berichtet, wie Jakob zehn seiner Söhne nach Ägypten schickte, um Getreide zu kaufen, weil im eigenen Land eine schwere Hungersnot herrschte. Als sie dort waren, beschuldigte sie der Stellvertreter des Pharaos, Spione zu sein, und hielt Simeon, einen der Brüder, fest. Er forderte, dass der Rest von ihnen zurückgehen und ihren jüngsten Bruder Benjamin holen solle, um zu beweisen, dass sie die Wahrheit sagten. Als sie zu ihrem Vater zurückkehrten und ihm erzählten, was passiert war und dass dieser Herrscher Benjamin wollte, rief Jakob aus: »Ihr bringt mich um meine Kinder. Josef ist nicht mehr, Simeon ist nicht mehr und Benjamin wollt ihr mir auch noch nehmen. **Nichts bleibt mir erspart**« (1. Mose 42,36 EÜ).

Vielleicht ist das im Moment auch der Schrei deines Herzens. Vielleicht schaust du auf die Herausforderungen in deinem Leben und fragst: »Herr, was ist mit deinen Verheißungen passiert?« Vielleicht fühlt es sich an, als würde auch dir nichts erspart bleiben. Doch die Wahrheit lautet: Dein Gott ist dir vorausgegangen, um einen Platz für dich vorzubereiten, der sehr viel besser ist als dein jetziger. Jakob verzweifelte, weil er sich auf die fehlende Nahrung und den Verlust seines Sohnes konzentrierte. Hätte er nur gewusst, dass Gott hinter den Kulissen für ihn tätig war. Hätte er nur gewusst, dass der Herrscher von Ägypten in Wahrheit sein geliebter, immer noch lebender Josef war, und dass dank diesem Sohn seine ganze Familie auch inmitten der Hungersnot gut versorgt sein würde (siehe 1. Mose 45).

Alle Dinge werden dir zum Besten dienen

Mein Freund, mach deine Augen auf. Der Herr Jesus – dein himmlischer Josef – hat einen Plan und kümmert sich für dich um alles. Bald wirst du dich freuen. Bald wirst du sehen, dass all die Dinge, die sich gegen dich zu richten scheinen, in Wahrheit zu deinem *Vorteil* sind. Er sorgt dafür, dass ALLE Dinge dir zum Besten dienen (siehe Römer 8,28). Das bedeutet, dass selbst, wenn dir negative Dinge passieren – Dinge, die schmerzlich sind und dich weinen lassen, bis du keine Tränen mehr hast –, Gott dafür sorgen wird, dass sie sich zu deinem Vorteil entwickeln!

Er sorgt dafür, dass alle Dinge dir zum Besten dienen!

Ich möchte dir zeigen, was Josef zu seinen Brüdern sagte – den Brüdern, die ihn in eine Grube geworfen und als Sklaven verkauft hatten und ihren Vater dann anlogen, um ihn glauben zu lassen, Josef sei tot:

»Aber macht euch deswegen keine Vorwürfe. Gott selbst hat mich vor euch her geschickt, um euer Leben zu retten. … Gott hat mich vor euch her geschickt, damit er euch auf wunderbare Art und Weise am Leben erhält und einige von euch übrig bleiben. Ja, ***nicht ihr*** *habt mich hierher geschickt, sondern Gott! Und er hat mich zum wichtigsten Berater des Pharaos gemacht – zum Herrn über sein ganzes Haus und zum Herrscher über ganz Ägypten.« — 1. Mose 45,5–8*

Wer hätte gedacht, dass Gott hinter den Kulissen alles in die Wege leitete? Für Josef sah es gewiss nicht so aus, als er sich Jahre zuvor nackt zur Schau gestellt auf einem Sklavenmarkt wiederfand oder als er wegen einer falschen Anschuldigung ins Gefängnis geworfen wurde (siehe 1. Mose 39,1.19–20). Auch für Jakob sah es sicherlich nicht so aus, als er Josefs blutgetränkte Tunika in den Händen hielt (siehe 1. Mose 37,33).

Doch die ganze Zeit über hatte Gott die Kontrolle und ließ alle Dinge zu Josefs Bestem dienen. Jede Schwierigkeit, der Josef begegnete, von der Grube bis zum Gefängnis, war im Grunde ein Sprungbrett, um ihn näher dorthin zu bringen, wo Gott ihn haben wollte. Josefs Brüder wollten ihm Böses antun, aber Gott nutzte alles, was passierte, um Josef in Stellung zu bringen. So rettete er nicht nur Josef, sondern auch dessen ganze Familie – durch eine große Befreiung.

Wie schlimm deine Umstände auch aussehen mögen, der Kampf ist *erst vorbei*, wenn du deinen Sieg in Christus erlebst!

Mein Freund, was auch immer du heute durchmachst, sei dir sicher, dass Gott mit dir ist und die Dinge für dich zum Guten hinführt. Wie schlimm deine Umstände auch aussehen mögen, der Kampf ist erst vorbei, wenn du deinen Sieg in Christus erlebst!

Sollten Christen nicht ein problemfreies Leben haben?

Manche Leute denken fälschlicherweise, dass man als Christ ein Leben frei von Widrigkeiten führen können sollte. Deshalb sind sie von Gott enttäuscht, wenn sie in ihrem Leben vor Problemen und Herausforderungen stehen. Die Wahrheit ist, dass Jesus uns in Johannes 16,33 (NGÜ) sagt, dass wir in diesem Leben »hart bedrängt werden«. Aber damit endet der Vers nicht. Weiter heißt es, dass wir uns auch inmitten der Schwierigkeiten nicht zu fürchten brauchen, denn unser Herr Jesus hat die Welt überwunden!

In 5. Mose 28,1–13 dreht sich alles um Gottes Segen und doch heißt es in Vers 7 (GNB): »Wenn sich Feinde gegen euch erheben, wird der Herr sie vor euch zu Boden werfen. Auf einem Weg werden sie gegen euch anrücken und auf sieben nach allen

Richtungen vor euch fliehen.« Was sagt dir das? Selbst wenn sein Segen auf dir ruht, wird es trotzdem noch Feinde geben, die sich gegen dich erheben werden. Aber auch, wenn sie es tun, weißt du was? Du musst deine Feinde nicht fürchten oder vor Dingen, die dich herausfordern, davonlaufen. Als Kind Gottes kannst du deinen Feinden mutig gegenübertreten, denn Gott wird sie vor deinen Augen besiegen. Genau dort, in der Gegenwart (nicht in der Abwesenheit) deiner Feinde, wird Gott den Tisch für dich decken (siehe Psalm 23,5).

Egal, wie groß deine Herausforderungen auch sein mögen, dein Gott ist *noch viel größer.* Und wenn Gott für dich ist, wer oder was kann dann gegen dich sein (siehe Römer 8,31)? Wer oder was auch immer der Feind ist, er mag auf *einem* Weg gegen dich anrücken, aber Gott wird dafür sorgen, dass alle deine Feinde auf *sieben* Wegen vor dir zerstreut werden!

Aus deinen Kämpfen wirst du mit reicher Beute hervorgehen

Und das ist noch nicht alles. Weil du ein Kind Gottes bist, verspricht die Bibel, wird Gott dich besser, stärker und gesünder aus deinem Kampf hervorgehen lassen, als du es vorher warst. Wenn du deine Rechte und dein Erbe als Kind Gottes kennst, musst du keinen Kampf fürchten. David und seine Männer schlugen viele Schlachten, aber in der Bibel heißt es: »Diese Männer hatten einen Teil der Beute, die sie in der Schlacht gemacht hatten, für den Unterhalt des Hauses des Herrn gestiftet« (1. Chronik 26,27).

Wenn du deine Augen auf den Herrn gerichtet hältst, wirst du mit größerem Segen aus deinem Kampf hervorgehen!

In welchem Kampf stehst du heute? Hast du mit ängstlichen, sorgenvollen oder Selbstmordgedanken zu kämpfen? Bist du von Medikamenten oder Drogen abhängig? Steckt deine Ehe in einer Krise? Dann lass dich von dieser Tatsache trösten: Aus deinen Kämpfen wirst du mit reicher Beute hervorgehen. Wenn du deine Augen auf den Herrn gerichtet hältst, wirst du mit größerem Segen aus deinem Kampf hervorgehen!

Du wirst mehr zurückbekommen, als dir gestohlen wurde

In der Bibel gibt es das Gesetz der Wiedergutmachung, das besagt:

> *Wenn jemand ein Rind oder ein Schaf stiehlt und es schlachtet oder verkauft, soll er fünf Rinder erstatten für das eine Rind und vier Schafe für das eine Schaf. — 2. Mose 21,37 ELB*

Du hast einen Feind – er ist ein Dieb, der kommt, um zu stehlen, zu töten und zu zerstören (siehe Johannes 10,10). Aber für alles, was er dir stiehlt oder wegnimmt, gibt Gott dir ein Vielfaches von dem, was der Feind gestohlen hat.

Vielleicht hat der Feind deine Gesundheit gestohlen und jetzt bist du schon lange Zeit krank und leidend. Vielleicht haben die Dinge, die dir zugestoßen sind, dein Selbstwertgefühl und Selbstvertrauen geraubt. Mein Freund, lass dich nicht entmutigen. Du hast einen Gott, der dir folgendes Versprechen gegeben hat: »Ihr werdet doppelt entschädigt für das, was ihr erlitten habt!« (Sacharja 9,12 HFA). Was auch immer dir gestohlen wurde, welche Schwierigkeiten du auch durchmachst, Gott gibt dir nicht nur das, was dir genommen wurde – er wird dir noch viel mehr zurückgeben.

Gott kann deinen Unglückstag in gute Tage verwandeln

Vielleicht scheint es so, als wäre der Feind entschlossen, dich und alles, was dir lieb ist, zu zerstören. Möglicherweise stehst du kurz vor dem Bankrott oder dein Haus wurde durch eine Naturkatastrophe zerstört. Wie auch immer deine Lage aussieht, Gott kann die Dinge für dich wenden.

Während der Regentschaft von König Ahasveros plante ein mächtiger Beamter namens Haman, einen Juden namens Mordechai zu töten, von dem er sich beleidigt fühlte. Und nicht nur ihn wollte er töten, sondern auch alle anderen Juden im damaligen Weltreich. Aber an dem Tag, an dem die Feinde der Juden gehofft hatten, sie auszurotten, geschah das glatte Gegenteil (siehe Esther 9,1). Die Juden besiegten all ihre Feinde. Tatsächlich wurde Haman schon davor an genau dem Galgen gehängt, den er für Mordechai vorbereitet hatte (siehe Esther 7,10).

Für Haman wäre es besser gewesen, er wäre nicht gegen Mordechai angetreten. Ebenso wäre es besser für den Feind, nicht gegen dich anzutreten.

Unser Gott ist der Gott der Wende und er wird deine Situation wenden. Er ist der Gott von Esther, er ist der Gott von Mordechai, und er ist dein Gott. Im Moment bereitet er alles vor, um deinen Tag der Trauer in einen Tag der Freude zu verwandeln, um deinen Unglückstag zu einem Tag der Fröhlichkeit zu machen. Wenn der Feind dir gesagt hat, dass es keinen Ausweg aus deinem Elend gibt, dann lügt er. Dein Unglückstag neigt sich dem Ende zu und dein Tag der Freude bricht an!

Du kannst aus deinen Schwierigkeiten gestärkt hervorgehen

In meinem eigenen Leben habe ich gesehen, wie der Herr die Dinge für mich völlig umkehrte, und ich werde immer dankbar sein, dass er es getan hat. Aber so sehr ich auch nie wieder durch diese Dunkelheit und Depression gehen will, glaube ich trotzdem, dass ich nicht so viel über die Güte des Herrn erfahren hätte, wenn der Feind meinen Verstand nicht so angegriffen hätte. Und dann könnte ich jetzt nicht so freiheraus auf der ganzen Welt über seine lebensverändernde, kettensprengende Gnade predigen. Der Feind versuchte, mich zu vernichten, aber der Herr rettete mich, und ich war hinterher sehr viel stärker als vorher. Und es erfüllt mich mit Demut, dass er mich nicht nur gerettet hat – er hat auch meinen Dienst benutzt, um noch vielen anderen zu helfen, und ich gebe allein ihm alle Ehre dafür!

Geheilt von schwerer Depression, Angst und Schlaflosigkeit

Mein Team und ich haben im Laufe der Jahre viele Zeugnisse von Menschen erhalten, die Durchbrüche erfahren haben, als sie meine Predigten hörten und meine Bücher lasen. Ich will dir hier nur von einem erzählen. Falls du an Depressionen leidest, lies Mikes Zeugnis in seinen eigenen Worten, und ich bete, dass es dich ermutigen wird:

> *Zwei Jahre lang litt ich unter schweren Depressionen, Angstzuständen und Schlaflosigkeit. Allgemeinärzte, Psychologen und Psychiater*

hatten mir nicht helfen können, also musste ich mich auf Schlaftabletten, Antidepressiva und angstlösende Medikamente verlassen.

Während ich eines Tages an einer Buchhandlung vorbeiging, fiel mir das Buch »Die Kraft des richtigen Glaubens« von Pastor Prince ins Auge. Als ich dann die Worte »chronische Depression« auf der Rückseite las, wusste ich, dass das Buch eines meiner Probleme ansprach, und ich beschloss, es zu kaufen.

Als ich nach Hause kam, fing ich sofort an, darin zu lesen. Zu meinem Erstaunen war es völlig anders als all die religiösen Bücher, die ich bis dahin gelesen hatte. Pastor Prince sprach über meine Depression, Angst und Schlaflosigkeit, als würde er mich persönlich kennen. Auf jeder einzelnen Seite erfuhr ich etwas Tiefgründiges über meine eigenen Kämpfe.

Ich las weiter und habe seitdem nie wieder zurückgeschaut. Es hat mir die Augen für die Liebe unseres Herrn und Retters, Jesus Christus, geöffnet. Ich betete auch das Gebet auf Seite 170, in dem es heißt:

»Danke Jesus, dass du mich liebst. Heute empfange ich deine vollkommene Vergebung in meinem Leben und vergebe mir auch selbst alle meine Sünden, Fehler und mein Versagen. Ich gebe sie alle in deine liebenden Hände. Ich erkläre, dass mir durch dich völlig vergeben wurde und ich frei, angenommen, geliebt, gerecht, gesegnet und von jeder Krankheit und jedem Gebrechen geheilt bin. Amen!«

Heute bin ich vollständig geheilt. Ich kann sogar ohne Schlaftabletten einschlafen. Preis dem Namen Jesu!

Halleluja! Ich freue mich mit Mike über die Freiheit und Freude, in der er heute lebt. Der Herr hat ihn von seiner Depression, seinen Angstzuständen und seiner Schlaflosigkeit befreit, und er kann auch dich von den Fesseln befreien, die dich gefangen halten.

Wenn du gerade eine schwierige Zeit durchmachst und der Feind dich bestohlen hat – sei es in Bezug auf deine Freude, deine Finanzen, deine Gesundheit oder deine Beziehungen –, dann mach dich bereit. Gott ist mit dir und er bringt die Dinge für dich in Ordnung. Alles, was dir durch Raub, Betrug und Täuschung genommen wurde, sei es von Menschen oder vom Teufel, wird Gott zurückerstatten. Deine Wiederherstellung ist bereits unterwegs zu dir, und der Herr wird dir sehr viel mehr zurückgeben, als der Feind dir gestohlen hat! Die Herausforderungen und Angriffe in deinem Leben mögen schmerzhaft sein, aber lass dich nicht von ihnen unterkriegen. Lass dich vom Feind nicht länger täuschen. Ich bete für dich und glaube mit dir, dass Gott deine Situation wenden und aus deinen Kämpfen reiche Beute für dich hervorgehen wird!

KAPITEL 3

Lass dich vom Feind nicht durcheinanderbringen

3

LASS DICH VOM FEIND *NICHT* DURCHEINANDER-BRINGEN

Kämpfst du mit negativen Gedanken, die dich lähmen und vielleicht sogar an Selbstmord denken lassen? Sagst du dir Dinge wie: *Ich sollte aufgeben, ich bin für andere nur eine Last* oder *Ich bin ganz alleine und keiner schert sich darum, ob ich am Leben bin oder nicht*? Hast du Gedanken wie: *Es gibt keine Hoffnung für mich – es wird sich nie was ändern* oder *Ich bin nichts wert und es ist besser für alle, wenn ich einfach verschwinde*? Wenn du solche Gedanken hast und sie dich immer weiter runterziehen, bete ich, dass du erkennst, dass sie nicht von Gott kommen. Es sind Lügen aus der tiefsten Hölle.

Der Feind ist ein Meister der Psychospielchen. Seine Vorgehensweise ist es, Lügen in deinen Kopf zu pflanzen. Er weiß, wenn er deine Gedanken kontrolliert, kann er auch deine Gefühle manipulieren. Genau so hat er es im Garten Eden gemacht, als er Adam und Eva belog und dazu brachte, Gott in einem falschen Licht zu sehen. Und mit dir macht er heute das Gleiche. Der Feind ist als der Ankläger bekannt (siehe Offenbarung 12,10) und er beschuldigt dich ständig. Er will dir das Gefühl geben, dass du nicht genug getan hast und nicht gut genug bist – egal, ob als Pastor, Elternteil oder einfach Christ. Er jubelt dir bestimmte Gedanken unter, damit du dich nur auf die negativen Dinge konzentrierst – auf deine Vergangenheit, deine Misserfolge, die scheinbar endlosen Anforderungen an dich, den Job, den du verloren hast, oder darauf, wie abgelehnt du dich fühlst.

Hör nicht länger auf seine Lügen. Ich mag zwar nicht wissen, was du durchgemacht oder wobei du versagt hast, aber ich weiß, dass du einen Gott hast, der dich liebt und gute Pläne für dich hat. Sein Plan ist, dir eine Zukunft und Hoffnung zu geben (siehe Jeremia 29,11). Ich weiß, dass der Herr dich seinen Augapfel nennt (siehe Sacharja 2,8) und sich unbändig über dich freut, wenn er an dich denkt (siehe Zefanja 3,17). Ich weiß, dass unser Herr Jesus den Preis dafür bezahlt hat, dass du von deinen bedrückenden

Gedanken befreit wirst, die dich noch plagen. Ich glaube sogar, dass unser Gedankenleben der erste Bereich ist, den er für uns freigekauft hat.

Schon bevor Jesus für unsere Krankheiten ausgepeitscht und für unsere Sünden gekreuzigt wurde, hat er sein Blut für uns vergossen – im Garten Gethsemane lief es ihm über die Stirn. Als Adam sündigte, sagte Gott zu ihm: »Im Schweiße deines Angesichts wirst du dein Brot essen« (1. Mose 3,19 EÜ). Was im Garten Eden seinen Anfang nahm, wurde in einem anderen Garten von unserem Herrn Jesus, dem zweiten Adam, beendet, als er unter solchem Druck stand, dass er Blut schwitzte. Das Lukasevangelium beschreibt, was passierte: »Und er betete in seiner Angst noch inständiger und sein Schweiß war wie Blut, das auf die Erde tropfte« (Lukas 22,44 EÜ).

Untersuchungen haben gezeigt, dass die kapillaren Blutgefäße, die die Schweißdrüsen versorgen, bersten können, wenn man unter extremer körperlicher oder emotionaler Belastung steht. Und das führt dazu, dass Blut abgesondert wird.[3] Das Blut, das Jesus aus der Stirn trat, erlöste dich von jedem Gedanken, der dir deine Freude und deinen Sieg rauben will. Sein Blut hat dich von deinem Stress, deinen Sorgen, Ängsten und Beklemmungen befreit!

Warum du von finsteren und todbringenden Gedanken frei sein kannst

Aber das war noch nicht alles. Jesus ließ sich auch noch gefangen nehmen, schlagen und auspeitschen. Nachdem er brutal gegeißelt worden war, legten ihm die römischen Soldaten ein scharlachrotes Gewand um. Sie flochten eine Krone aus Dornen und drückten sie ihm fest auf den Kopf. Sie verhöhnten und verspotteten ihn und spuckten ihn an. Sie schlugen ihm immer wieder mit einem Schilfrohr auf den Kopf und rammten ihm dadurch die Dornen tief in die Kopfhaut (siehe Matthäus 27,27–30). Und er ließ es zu, dass diese Dornen, die den in 1. Mose 3,17–18 beschriebenen Fluch darstellen, in seine Stirn eindrangen. So nahm er deinen Fluch der Depression, der Verzweiflung, des Pessimismus und der Angst auf sich.

Jesus ertrug die Scham und den Schmerz, damit du von seiner Freude erfüllt sein kannst. Und nach all dem ließ er sich kreuzigen. Weißt du, wo Jesus gekreuzigt wurde? Es war auf Golgatha, was »Schädelstätte« bedeutet (Matthäus 27,33 ELB). Der Schädel steht für dein Denken und auch für den Tod. Ich glaube, er wurde auch deshalb auf Golgatha gekreuzigt, weil dieser Ort für unser finsteres und todbringendes Denken steht. Und sein Opfer dort ermöglicht uns, frei von negativen, zerstörerischen Gedanken zu sein.

Hör auf, die Lügen über dich zu glauben, die der Feind dir einreden will.

Du wirst von Jesus *so sehr* geliebt. Hör auf, dich zu verachten und zu verletzen. Hör auf, die Lügen über dich zu glauben, die der Feind dir einreden will. Lass nicht länger zu, dass er mit deinem Verstand Spielchen spielt. Akzeptiere nicht mehr, dass Depression und Verzweiflung deine Gedanken trüben. Entscheide dich, deine Gedanken auf Jesus zu richten, und erlaube ihm, dich in seinem vollkommenen Frieden zu bewahren (siehe Jesaja 26,3). Was auch immer du durchmachst oder worin du versagt hast, du kannst jeden Morgen mit Hoffnung aufwachen und denken: *»Dankt dem Herrn, denn er ist gut!«* (Psalm 118,29 GNB). Durch das Blut Jesu kannst du den Frieden Gottes empfangen, der über jedes Verstehen hinausgeht, und der dein Herz und dein Denken durch Christus Jesus bewahrt (siehe Philipper 4,7)!

Jesus heilt dein gebrochenes Herz

Der Herr liebt dich so sehr. Als er ans Kreuz ging, fand ein göttlicher Austausch statt. Er, der völlig sündlos war, wurde zur Sünde, damit du die Gerechtigkeit Gottes in ihm werden kannst (siehe 2. Korinther 5,21). Er wurde zum Fluch, damit du seine Segnungen empfangen kannst (siehe Galater 3,13–14). Alles, was Jesus am Kreuz für dich getragen hat, musst du heute nicht mehr ertragen. In Christus bist du von jedem Fluch des Gesetzes, von jeder Strafe für deine Sünden erlöst. Er trug deine Schmerzen und Krankheiten und lud deine Sorgen auf sich, damit du mit seiner göttlichen Gesundheit erfüllt werden kannst (siehe Jesaja 53,4). Er wurde arm, damit du durch seine Armut immer mehr als genug haben kannst (siehe 2. Korinther 8,9). Er wurde »ein Mann der Schmerzen und mit Leiden vertraut« (Jesaja 53,3 ELB), damit du seine Freude empfangen kannst. Und du weißt es vielleicht nicht, aber sein Herz wurde gebrochen, damit deines heil sein kann.

Vielleicht hast du eine Fehlgeburt erlitten oder ein geliebter Mensch ist gestorben und du kannst nicht aufhören zu weinen. Vielleicht hat dein Mann dich verlassen und du bist völlig geschockt und fühlst dich verraten. Vielleicht hast du eine Menge Zeit und Kraft in deine Familie oder in deinen Job investiert und jetzt, da du älter wirst, kümmert man sich nicht um dich und lässt dich links liegen. Was immer dir das Herz gebrochen und diese tiefe, nicht nachlassende Traurigkeit verursacht hat – der Herr will, dass du eines weißt: Du bist mit deinem Schmerz nicht allein.

In der Bibel steht: »Der Herr ist allen nahe, die verzweifelt sind; er rettet die, die den Mut verloren haben« (Psalm 34,19). Er ist dir in diesem Moment ganz nah und er will dir die Trauer, den Schmerz und die Enttäuschung nehmen, die dich so zerstört haben. Derselbe Gott, der jeden Stern beim Namen nennt, kennt auch deinen Namen und will dein gebrochenes Herz heilen und deine Wunden verbinden (siehe Psalm 147,3–4). Ich weiß, dass es sich anfühlt, als würde dein Herz nie wieder heil werden, aber ich bete, dass du von deinem Schmerz wegschauen und stattdessen seine wunderbare Liebe zu dir sehen kannst. Dann wird Kraft durch dich fließen und das Öl seiner Freude wird heilender Balsam für deine Wunden sein.

Hier ist eine Bibelstelle, die dir auf wunderschöne Weise zeigt, wie Gott für dich empfindet. Ich wünsche dir, dass du dadurch besser verstehen kannst, warum Gott unseren Herrn Jesus gesandt hat:

Der Geist Gottes, des Herrn, ruht auf mir,
denn der Herr hat mich gesalbt, um den
Armen eine gute Botschaft zu verkünden.
Er hat mich gesandt, um die zu heilen, die ein
gebrochenes Herz haben, und zu verkündigen,
dass die Gefangenen freigelassen und die
Gefesselten befreit werden.
Er hat mich gesandt, um ein Gnadenjahr des
Herrn und einen Tag der Rache unseres Gottes
auszurufen und alle Trauernden zu trösten.
Er hat mich gesandt, um es den Trauernden
zu ermöglichen, dass ihnen ein Kopfschmuck
anstelle von Asche, Freudenöl anstelle von
Trauerkleidern, und Lobgesang anstelle eines
betrübten Geistes gegeben werde;
und dass man sie »Eichen der Gerechtigkeit«
und »Pflanzung zur Verherrlichung des
Herrn« nennen kann.

Dann werden sie die uralten Ruinen wieder herstellen, und was seit langem verwüstet war, wieder aufrichten. Sie werden sowohl die vom Krieg zerstörten Städte wieder aufbauen als auch die Trümmer vergangener Generationen.
— Jesaja 61,1–4

Unser Herr Jesus wurde gesandt, um dein gebrochenes Herz zu heilen. Die Menschen um dich herum wissen vielleicht nicht einmal, dass du leidest. Alles, was sie sehen, sind dein Lächeln und der äußere Erfolg, den du zu haben scheinst. Aber auch, wenn du versuchst, deinen Schmerz vor den Menschen in deinem Umfeld zu verbergen, er sieht ihn. Er weiß, dass sich »hinter dem Lachen Traurigkeit verbergen [kann]; wenn dann die Freude vorüber ist, ist der Schmerz noch da« (Sprüche 14,13 GNB). Er sieht dich so, wie du bist, und er sieht auch, wie du gegen die Einsamkeit, die Verletzungen und den Schmerz in deinem Leben kämpfst. Er weiß, was du durchmachst, und er weiß auch von den Dingen, die du anderen verschweigst. Er weiß, wie todunglücklich sie dich insgeheim machen.

Er sieht deine Kämpfe und kommt zu dir

Das Markusevangelium beschreibt, was geschah, als Jesus eines Abends allein auf einem Berg war, um zu beten. Seine Jünger saßen in einem Boot mitten auf dem See, aber »**Jesus sah**, dass **sie** große Mühe mit dem Rudern hatten, weil ein starker Gegenwind blies« (Markus 6,48 HFA). Und weißt du, was er tat? Er *kam zu ihnen*, indem er auf dem Wasser ging.

Ich bete jetzt, dass der Herr deine geistlichen Augen öffnet, damit du sehen kannst, wie er mitten in deinem Sturm zu dir kommt. Der Feind will, dass du weiter nur dich selbst siehst –deinen Schmerz, deine Misserfolge, die Dinge, die dir passiert sind. Schau weg. Je mehr du dich auf diese Dinge konzentrierst, desto tiefer wird deine Verzweiflung. Aber wenn du den betrachtest, der Herr über Wind und Wellen ist, wirst du werden wie er (siehe 2. Korinther 3,18). Solange Petrus seine Augen auf Jesus und nicht auf den Sturm richtete, ging auch er auf dem Wasser (siehe Matthäus 14,22–33).

Lieber Freund, halte deine Augen fest auf den Herrn gerichtet. Auch wenn dein Herz wehtut. Auch wenn du Fragen hast und keine Antwort findest. Triff die Entscheidung, dich auf seine Liebe zu dir zu verlassen. Du denkst vielleicht, dass du mit dem Sturm allein fertigwerden musst. Aber so, wie er seine Jünger gegen den Sturm kämpfen sah, sieht er auch dich kämpfen. Wenn du in irgendeinem Winkel deines Herzens denkst, dass Gott dich verlassen hat, weil du mutlos bist, dann ist das eine Lüge des Feindes. Nichts könnte weiter von der Wahrheit entfernt sein. Er liebt dich, sieht deinen Kampf und kommt in diesem Moment zu dir.

Warum du dich nicht schikanieren und beschämen lassen musst

Weißt du, was unser Herr Jesus getan hat, um dein gebrochenes Herz zu heilen? Er ließ zu, dass sein eigenes Herz gebrochen wurde. Psalm 69 ist ein messianischer Psalm, der unseren Herrn Jesus am Kreuz darstellt. In Vers 20 steht Folgendes:

> *Die Schmach bricht mir das Herz, ich bin zutiefst verwundet. Ich habe auf Mitgefühl gewartet, doch niemand hat es mir erwiesen. Ich habe **einen** gesucht, der mich tröstet, und **keinen Einzigen** gefunden. — Psalm 69,21* GNB

In diesem Vers wird uns gesagt, dass die »Schmach« Jesu Herz gebrochen hat. Das hebräische Wort für »Schmach« ist *cherpah*, was so viel bedeutet wie Verachtung, Spott, Schande, Hohn und Schmähung.[4] Vielleicht gibt es in deinem Leben Menschen, die dich verspottet und erniedrigt haben. Vielleicht sagen deine Eltern, dein Ehepartner, deine Mitschüler, deine Kollegen oder sogar deine erwachsenen Kinder Dinge über dich, die dich beschämen oder dir das Gefühl geben, wertlos oder schmutzig zu sein. Vielleicht kommt es dir so vor, als würden alle ständig auf dir herumhacken und dich verachten. Heute nennen wir das Mobbing, und wie wir wissen, kann ständig gemobbt zu werden, depressiv machen.[5] Wenn du gemobbt wirst, solltest du das nicht für dich behalten. Bitte sprich mit jemandem darüber, dem du vertraust. Ich bete, dass der Herr dir helfen wird, die Hilfe und Unterstützung zu finden, die du brauchst.

Gleichzeitig möchte ich dir aber sagen, dass unser Herr Jesus die verletzenden Worte, die dir von Menschen an den Kopf geworfen werden, am Kreuz auf sich genommen hat. Er ertrug jede Beleidigung, jeden Spott und jede Verachtung. Die Schmach, die sein Herz brach, war deine Schmach. Die Ablehnung, die sein Herz am Kreuz brach, war deine Ablehnung. Behüte von nun an dein Herz – wann immer dich jemand verachtet oder verspottet, stell dir vor, wie Jesus es an deiner Stelle auf sich nimmt und deinen ganzen Schmerz und deine Scham am Kreuz für dich trägt. Sieh, wie er zulässt, dass sein Herz anstelle von deinem gebrochen wird. Und jetzt schau dir an, was Jesaja 61,7 erklärt: »Anstelle deiner Schmach *sollst du doppelte Ehre haben.*« Das ist sein Versprechen an dich. Er hat deine Schmach getragen, damit du doppelte Ehre bekommen kannst.

Sein Herz wurde gebrochen, damit deines heil sein kann

Nachdem Jesus am Kreuz gestorben war, stieß ein Soldat einen Speer in seine Seite, um seinen Tod zu bestätigen. In der Bibel ist festgehalten, dass »Blut und Wasser [heraus] flossen« (Johannes 19,34). Nach Ansicht einiger Bibelwissenschaftler und medizinischer Forscher kam es bei Jesus wahrscheinlich zu einem Lungenödem und einem Perikarderguss (also zu einer Ansammlung von Flüssigkeit in Lunge und Herz), während er am Kreuz nach Atem rang.[6] Wenn das Herz stark überbelastet wird, kann das zu einem Riss im Herzmuskel führen. Ich glaube, genau das ist mit unserem Herrn Jesus passiert – er ist buchstäblich an einem gebrochenen Herzen gestorben. Er hat den Preis bezahlt.

Lieber Freund, richte dich auf. Tritt aus deiner Asche und empfange seine Schönheit. Gib ihm deine Trauer und nimm sein Freudenöl an. Gib ihm deinen Geist der Schwermut und zieh sein Gewand des Lobpreises an. Sieh, wie er zu dir kommt und dich mitten in deiner Trauer tröstet. Wenn dich düstere Gedanken quälen, wenn du in Mutlosigkeit und Verzweiflung gefangen bist, dann ruft der Herr jetzt deine Freiheit aus. Vielleicht sind Drogen, Pornografie, unreine Gewohnheiten oder Depressionen dein Problem. Doch woran du auch gebunden bist, er ist gekommen, um dir die Freiheit zu geben. Ganz gleich, welche Bereiche in deinem Leben zerbrochen sind – der Herr erklärt, dass die alten Ruinen wieder aufgebaut werden und das, was seit Langem verwüstet war, wiederhergestellt wird (siehe Jesaja 61,4).

Weil du in Christus bist, gibt es Hoffnung. Du bist geliebt. Von ganzem Herzen. Für immer und ewig!

Ein Gebet für die Verletzten

Wenn dir bewusst ist, dass depressive Gedanken dich gefangen halten oder wenn dein Herz gebrochen wurde, möchte ich dich einladen, das nachfolgende Gebet zu sprechen. Möge der Gott des Friedens Satan unter deinen Füßen zermalmen und dein Leben auf eine ganz neue Ebene der Hoffnung und Freiheit bringen, im mächtigen Namen Jesu.

Herr Jesus, danke, dass du mich liebst. Danke, dass du meine Schmach, meinen Schmerz, meine Scham und die Ablehnung, die mir entgegengebracht wurde, auf dich genommen und getragen hast. Ich gebe dir alle Bitterkeit, alle Wut und allen Groll, die mich so lange gefangen gehalten haben. Ich gebe dir den Schmerz, der mir das Herz gebrochen und die Hoffnung genommen hat. Ich öffne dir mein Herz und empfange deine Liebe, die du mir am Kreuz bewiesen hast. Ich danke dir, dass du jetzt alle Lügen, die ich geglaubt habe, mit der Wurzel herausreißen wirst – jede Unwahrheit über meinen wahren Wert und alle anderen vergifteten Gedanken des Feindes, die ich zugelassen habe. Hilf mir, deine Liebe zu empfangen und in der Freiheit zu leben, die du mir zu meiner Freude erkauft hast. In deinem Namen bete ich, amen.

KAPITEL 4

Praktische Schritte, um frei zu werden

4

PRAKTISCHE SCHRITTE, UM *frei zu werden*

Der Feind will, dass du von Depressionen umnebelt in einer Festung der Hoffnungslosigkeit und Schwarzseherei gefangen bist. Er will dich mit seinen Lügen blind machen, damit du nicht mehr mitbekommst, wenn etwas Gutes in deinem Leben passiert (siehe Jeremia 17,6). Er will dir die Fähigkeit zur Hoffnung nehmen, damit du glaubst, dass die Dinge nur noch schlimmer werden. Vielleicht hat er es geschafft, dass du dich wertlos und unzulänglich fühlst. Vielleicht hat er dir die Lüge eingetrichtert, dass die Menschen um dich herum glücklicher wären, wenn du nicht mehr da wärst. Vielleicht spielst du mit dem Gedanken, deinem Leben ein Ende zu setzen, weil du dermaßen müde und entmutigt bist, dass dir die Kraft fehlt, um weiterzumachen. Aber lass nicht länger zu, dass er dich manipuliert. Gott will dich aus der Dunkelheit herausholen und in sein wunderbares Licht bringen (siehe 1. Petrus 2,9). Du hast so viel, wofür es sich zu leben lohnt, denn Gott hält eine glänzende Zukunft für dich bereit.

Wende dich an Menschen mit einer Gottesbeziehung

Wenn dich Depressionen und Ängste lähmen und du über Selbstmord nachdenkst, wende dich bitte an jemanden, dem du vertraust. Suche Hilfe bei Freunden, die gläubig sind, bei einem christlichen Seelsorger oder bei Leitern in deiner Gemeinde. Sprich mit ihnen über das, was du durchmachst, und bitte sie, mit dir zu beten. Vielleicht willst du mit keinem reden, weil du denkst: *Niemand versteht mich.* Oder: *Wenn ich anderen sage, was ich durchmache, werden sie mich verachten.*

Lieber Freund, das sind Lügen, die der Teufel benutzt, um dich von anderen fernzuhalten. Lass nicht zu, dass der Feind dich von den Menschen in deinem Umfeld trennt, denn dann wird er dich immer tiefer in die Dunkelheit führen. Er möchte, dass du den Kontakt zu anderen meidest, weil er weiß, dass deine Verzweiflung zunimmt, wenn dir nur noch deine eigene Wahrnehmung über deine vermeintlichen Unzulänglichkeiten und Probleme bleibt.

Gott kann dir sein Wort durch Menschen bringen lassen. Deshalb ist der Feind so sehr darauf aus, dich zu isolieren. Immer wieder schildert die Bibel, wie Gott seine Worte in den Mund von Menschen legt (siehe 5. Mose 18,18; Jesaja 51,16; Jeremia 1,9; Lukas 12,12). Lass bitte Menschen mit einer Beziehung zu Gott in dein Leben und gib ihnen die Chance, dir mit Worten des Lebens zu dienen. Lass zu, dass Gott durch sie die Lügen des Feindes aufdeckt. Erlaube diesen Menschen, Gottes Kraft an dich weiterzugeben. Gib Gott die Möglichkeit, dich durch sie zu lieben. Du bist überaus kostbar für ihn und er liebt dich so sehr.

Lass Menschen mit einer Beziehung zu Gott in dein Leben und gib ihnen die Chance, dir mit *Worten des Lebens* zu dienen.

Wenn dein Glaube erschöpft ist, lass dir von jemand anderem helfen und dich zu Jesus hintragen.

Das Markusevangelium erzählt die Geschichte von vier Männern, die ein Loch in ein Hausdach brachen, um ihren gelähmten Freund zu Jesus hinunterzulassen (siehe Markus 2,1–12). Dort steht, dass »Jesus ihren Glauben sah« und den Gelähmten heilte (Markus 2,5). Du warst nie dazu bestimmt, allein zu sein. Salomo, der weiseste Mann, der je gelebt hat, schrieb: »Zwei haben es besser als einer allein … Wenn sie hinfallen, kann einer dem anderen aufhelfen« (Prediger 4,9–10).

Erlaube dem Feind also nicht, dich von anderen Menschen fernzuhalten. Nimm an Kleingruppentreffen teil oder lade Freunde zum Kaffee ein, von denen du weißt, dass sie echte Mutmacher sind. Manchmal können die Probleme in deinem Leben dich zur Verzweiflung bringen, weil du keinen Ausweg siehst. Das Gespräch mit Menschen, denen Gott viel bedeutet, kann dir eine andere Sichtweise bieten und dir helfen, Gott in deiner Situation zu sehen. Der Feind will, dass du dich schämst, um Hilfe zu bitten, doch in der Bibel lesen wir: »Wo aber viele Ratgeber sind, findet sich Hilfe« (Sprüche 11,14 LUT). Es ist also klug, um Hilfe zu bitten.

Wenn du nicht bereits zu einer christlichen Gemeinde gehörst, möchte ich dich ermutigen, dir eine Gemeinschaft zu suchen, in der du zur Güte und Treue unseres Gottes hingeführt wirst und in eine Atmosphäre des Glaubens eintauchen kannst. In der Bibel steht: »Die gepflanzt sind im Haus des HERRN, sie werden gedeihen in den Vorhöfen unsres Gottes« (Psalm 92,13 SLT). Mein Freund, ich möchte, dass du gedeihst und nicht unter der Last der Entmutigung verkümmerst. Ziehe nicht von einer Kirche zur nächsten und tauche auch nicht nur zu den Gottesdiensten auf, ohne wirklich Anschluss zu suchen – lass dich fest gründen und schlage dort Wurzeln.

Das kannst du ganz praktisch tun, indem du dich einem Dienst oder einer Kleingruppe anschließt, um so andere Christen kennenzulernen. Erlaube deinen Pastoren und Leitern, dich ständig mit dem Wort Gottes zu wässern. Der Herr verspricht: Wenn du zulässt, dass sie gesalbte Worte über dir aussprechen, die das Joch der Verzweiflung und Entmutigung in deinem Leben zerstören können (siehe Jesaja 10,27), dann wirst du dich nicht mehr fürchten, keine Angst mehr haben und es wird dir in keinem Bereich etwas fehlen (siehe Jeremia 23,4).

Werde aktiv

Möglicherweise hat die Depression dich so gelähmt, dass du dich jeden Tag nur noch in deinem Zimmer einschließen und den ganzen Tag bei zugezogenen Vorhängen im Bett liegen bleiben willst. Wenn du unter Depressionen leidest, kann es sein, dass du dich ständig müde fühlst und das Interesse an den Dingen verlierst, die dir früher Freude bereitet haben. Dein Schlaf kann beeinträchtigt sein, und vielleicht isst du zu viel oder hast gar keinen Appetit. Unabhängig davon, wie du dich fühlst, möchte ich dich dazu ermutigen, dich vom Feind nicht mehr lahmlegen zu lassen. Fang an, kleine Schritte im Glauben zu machen, auch wenn dich das sehr viel Überwindung kostet. Und mach dir keine Sorgen, wenn du nicht sofort eine Veränderung feststellst.

Als Jesus das Gleichnis vom Sämann erklärte, der den Samen ausbringt, sagte er: »Der gute Boden aber meint schließlich die Menschen, die Gottes Botschaft hören und annehmen und reiche Frucht bringen – dreißig-, sechzig-, ja hundertmal so viel, wie gesät wurde« (Markus 4,20). Wenn du immer wieder Gottes Wort oder Samen in deinem Herzen empfängst, wirst du dich definitiv verändern. Das geschieht vielleicht nicht über Nacht, aber mach einfach weiter. Lebe im Glauben und nicht im Schauen, dann wirst du nach und nach Ergebnisse sehen – zuerst dreißigfach, dann sechzigfach und schließlich hundertfach!

Beginne die Festung der Depression zu zerstören, indem du aus deinem Bett steigst und ins Freie gehst. Wissenschaftler haben festgestellt, dass es einen Zusammenhang zwischen Depressionen und fehlendem Kontakt mit der Sonne gibt.[7] Unser Herr Jesus ging viel und oft in die Wüste oder in die Berge, um zu beten. Ich glaube, in der Natur zu sein, umgeben von der Erhabenheit und Schönheit seiner Schöpfung, kann uns helfen, über unsere Probleme und uns selbst hinauszuschauen.

Wenn du in der Stadt lebst, mach einfach einen Spaziergang durch die Straßen deines Viertels und sprich mit deinem himmlischen Vater. Du musst deine Gebete nicht in schöne Worte verpacken; erzähle ihm einfach alles, was dir auf dem Herzen liegt. Du kannst ihm dein Herz auch ausschütten, während du auf einer Parkbank sitzt. Wenn du keine Worte mehr hast, dann weine einfach in seiner Gegenwart (es muss ja nicht auf der Parkbank sein). Dein Weinen ist nicht vergebens (siehe Psalm 126,5–6). Was auch immer du durchmachst, sei gewiss, dass er dich durch alles hindurchtragen und an einen Ort der Fülle und Kraft bringen wird (siehe Psalm 66,12).

Fang an, Dinge zu tun, von denen der Feind dich abhalten will. Er mag zwar Depression als Waffe gegen dich einsetzen, aber diese Waffe wird keinen Erfolg haben (siehe Jesaja 54,17)! Tu etwas, was dich zum Lachen bringt, denn »ein fröhliches Herz ist die beste Medizin« (Sprüche 17,22). Wenn möglich, beginne zu trainieren, oder fange eine Sportart an, auch wenn du keine Lust dazu hast, denn die Bibel sagt uns, dass körperliches Training gut ist (siehe 1. Timotheus 4,8). Und auch, wenn dein Durchbruch noch auf sich warten lässt, fang trotzdem schon an, Gott zu danken. Unser Herr Jesus ist gekommen, um dir »Feierkleider statt eines betrübten Geistes« zu geben (Jesaja 61,3 SLT). Ich bete, dass sein Geist dich befreit und alle Sorge und Unruhe vertreibt, während du ihm Loblieder singst und ihn anbetest (siehe 2. Korinther 3,17).

Hör auf, dich mit anderen zu vergleichen

Wir leben in einer Zeit, in der sich die Menschen wie nie zuvor mit anderen vergleichen. In den sozialen Medien wirst du mit Bildern des scheinbar perfekten Lebens der anderen bombardiert. Und durch Likes-Zähler erfährst du, wie viele Menschen dich »mögen«. Der Feind benutzt den Vergleich mit anderen, um Lügen in deinen Kopf einzuschleusen: dass dein Leben im Vergleich zu anderen erbärmlich ist, dass du als Mutter oder Vater lausig bist und dass alle anderen besser sind als du.

Dieses ständige Vergleichen führt zu Entmutigung, denn der Feind wird immer betonen, wie farblos du im Vergleich zu anderen wirkst. Hör auf, dich mit anderen zu vergleichen. Hör auf, allzu häufig soziale Medien zu nutzen, wenn du merkst, dass sie dir nicht guttun. Wenn du wissen willst, wie viel du wert bist, schau dir einfach den Preis an, den Gott gezahlt hat, um dich zu erlösen. Er gab für dich das Beste auf, was der Himmel zu bieten hat – Jesus. Du bist nach dem Bild Gottes höchstpersönlich geschaffen und er nennt dich seinen Augapfel!

Höre das Richtige und werde geheilt

Vielleicht brauchst du Heilung von einer körperlichen Krankheit oder vielleicht kämpfst du seit Jahren mit psychischen Problemen. Vielleicht gibt es für deinen Zustand keine ärztliche Diagnose oder Behandlung, weil dein Schmerz von einem gebrochenen Herzen kommt. Welche Art von Heilung du auch brauchst, ich möchte dir eine göttliche Ordnung zeigen, die in der Bibel festgehalten ist:

> *Darauf verbreitete sich die Nachricht von Jesus noch mehr. Scharenweise kamen die Menschen, um ihn* ***zu hören und sich*** *von ihren Krankheiten* ***heilen zu lassen****.*
> *— Lukas 5,15* GNB

Man beachte, dass die Menschen nicht nur deshalb zu Jesus gekommen sind, um geheilt zu werden. Sie kamen, um ihn zu *hören*, und dann wurden sie geheilt. Höre und werde geheilt. Hör zu, wenn sein Wort gepredigt wird. Selbst wenn deine Heilung nicht sofort geschieht, hör trotzdem weiter zu. Wir haben schon viele Zeugnisse von kostbaren Menschen auf der ganzen Welt erhalten, die für verschiedene Krankheiten Heilung empfingen, einfach indem sie dem gepredigten Wort zuhörten. Das Hören ist deshalb so wichtig, weil »der Glaube durch das Hören dieser Botschaft [kommt], die Botschaft aber kommt von Christus« (Römer 10,17).

Wenn du in irgendeinem Bereich deines Lebens Heilung brauchst, bitte nicht nur um Gebet. Sorg auch dafür, dass du alles hörst, was Gott über Heilung zu sagen hat. In Sprüche 4,22 (HFA) heißt es, Gottes Worte »sind der Schlüssel zum Leben und erhalten deinen ganzen Körper gesund«. Viele Medikamente behandeln einen bestimmten Teil deines Körpers, verursachen aber irgendwo anders Nebenwirkungen. Deinen *ganzen* Körper hält jedoch allein das Wort Gottes gesund. Achte darauf, dass das, was du hörst, nicht nur aus den schlechten Nachrichten deines Arztes, der Medien oder der Börse besteht. Fang an, Predigten zu hören, die sich um all das drehen, was Jesus am Kreuz für dich getan hat!

Gottes Worte sind der Schlüssel zum Leben und *erhalten deinen ganzen Körper gesund.*

Ich bin fest davon überzeugt, dass das gepredigte Wort eine ganz besondere Wirkung hat. Ich möchte dich deshalb mit einer Botschaft segnen, die dich sehr aufbauen wird, wenn du mutlos und depressiv bist. Um die kostenlose Audiopredigt *Win over Discouragement, Depression and Burnout* (auf Englisch) herunterzuladen, logge dich einfach auf JosephPrince.com/winover ein. Ich weiß, dass sie dir helfen wird, vom Herrn ein kraftvolles Wort zu empfangen, mit dem du deinen Kampf gegen die Mutlosigkeit gewinnst.

Schau weg von deinen Schwierigkeiten

Ich bete, dass du Jesus mittlerweile mit neuen Augen siehst, und dass dir das hilft, ihm zu *vertrauen*, auch wenn du deinen Durchbruch noch nicht *sehen* kannst. Nimm deinen unsichtbaren Gott bewusster wahr als die sichtbaren Dinge. Ständig an deine Schwierigkeiten zu denken, wird dir kein bisschen helfen. Dich auf deine wachsenden Schulden zu konzentrieren, lässt sie nicht verschwinden. Genauso wenig wird es deine Lage verbessern, wenn du dauernd über deine kaputte Beziehung oder dein

Alkoholproblem nachgrübelst. Die Bibel drückt es so aus: »Wer von euch kann durch Sorgen sein Leben auch nur um einen Tag verlängern?« (Matthäus 6,27 GNB). Wenn du dich aber entscheidest, von deinen Problemen wegzusehen und stattdessen auf den zu schauen, der deine Lösung ist, kann etwas Übernatürliches geschehen.

Die Bibel lehrt uns, was wir tun sollen, wenn uns überwältigende Schwierigkeiten umgeben. Es gibt einen Abschnitt in 4. Mose 21, der berichtet, was passierte, als die Israeliten in der Wüste von giftigen Schlagen gebissen wurden und viele der Gebissenen starben. Ob dein Körper gegen eine Krankheit kämpft, dein Verstand von Depressionen beherrscht wird oder deine Ehe vor dem Aus steht – diese Schilderung zeigt dir, dass Gott für jedes deiner Probleme die Antwort hat. Viele glauben wahrscheinlich, dass die Antwort darin liegt, die Ursache des Problems zu beseitigen, und genau das wollten auch die Israeliten. Sie beteten, dass sie von den Schlangen befreit würden. Vielleicht betest auch du so. Vielleicht bittest du Gott, die chronischen Schmerzen in deinem Körper wegzunehmen oder deinen Schuldenberg zu beseitigen. Aber sieh dir an, welche Anweisung Mose von Gott bekam:

*»Fertige eine **Schlange** an und befestige sie oben an einer Stange. Jeder, der sie anschaut, nachdem er gebissen wurde, wird am Leben bleiben.« — 4. Mose 21,8*

Und so fertigte Mose eine bronzene Schlange an und befestigte sie am Ende einer Stange. »Jeder, der von einer Schlange gebissen wurde und dann die bronzene Schlange anschaute, blieb am Leben« (4. Mose 21,9). Weißt du, wovon Gott hier spricht? In der Bibel steht Bronze für Gericht. Im Alten Testament wurde der Brandopferaltar, auf dem die Tieropfer als Sühne für die Sünden Israels verbrannt wurden, mit Bronze überzogen (siehe 2. Mose 27,1–2).

Im Johannesevangelium sagte Jesus: »Mose richtete in der Wüste den Pfahl mit der bronzenen Schlange auf. Genauso muss auch der Menschensohn erhöht werden« (Johannes 3,14 GNB). Die bronzene Schlange ist also ein Bild für unseren Herrn Jesus, wie er verurteilt am Kreuz hängt und mit den Folgen unserer Sünde bestraft wird. Krankheit und Tod sind Teil der Bestrafung. Armut ist Teil der Bestrafung. Aber Christus hat das alles für uns getragen und das bedeutet, dass diese Dinge nicht länger das Recht haben, uns zu belasten!

Konzentriere dich auf das vollbrachte Werk am Kreuz

So, wie Gott wollte, dass die Israeliten von ihren schmerzhaften Schlangenbissen wegsahen und auf die bronzene Schlange schauten, will er, dass auch wir von unseren Schwierigkeiten und von uns selbst wegblicken. Stattdessen sollen wir auf das schauen, was er uns am Kreuz zur Verfügung stellt. Das in 4. Mose 21,9 verwendete hebräische Wort für »schaute« lautet *nabat*, was »genau betrachten« bedeutet.[8] Ob wir nun von Schulden, Krankheiten oder Mutlosigkeit »gebissen« wurden – unsere Antwort besteht darin, aufmerksam und erwartungsvoll auf das vollbrachte, vollendete Werk Jesu am Kreuz zu schauen.

Auch wenn die »giftigen Schlangen« noch um uns herum sind und wir den Schmerz der »Bisswunden« nach wie vor spüren können, ist Gottes Antwort, die bronzene Schlange an der Stange zu betrachten. Die bronzene Schlange anzusehen bedeutet, dass wir uns nicht gleichzeitig auf die Schlangen um uns herum und auf die erlittenen Wunden konzentrieren können. Wir müssen die Augen auf unseren Herrn Jesus gerichtet halten, der für alle unsere

Sünden gekreuzigt wurde. Egal, in welchem Bereich du kämpfst, bitte Gott, dass er dir Jesus auf ganz neue Weise zeigt. Wie wir in 4. Mose 21,8–9 gelesen haben, verspricht er uns, dass »jeder«, der hinschaut, einen Durchbruch erlebt!

Setze dich zu Jesu Füßen und höre sein Wort

Vielleicht schreist du: »Gott, ist es dir egal, was ich durchmache?« Vielleicht fragst du ihn: »Ist es dir egal, dass mein Kind leidet?« Oder: »Ist es dir egal, dass ich ganz allein bin?« Wenn das Fragen sind, die dir heute auf der Seele brennen, möchte ich dir zeigen, wie unser Herr Jesus auf Martas Frage antwortete. Sie fragte: »Herr, ist es dir egal, dass meine Schwester mich alleine dienen lässt?« Und Jesus antwortete ihr liebevoll: »Marta, Marta, du machst dir viele Sorgen und Mühen. Aber **nur eines ist notwendig**. Maria hat den guten Teil gewählt, der wird ihr nicht genommen werden« (Lukas 10,40–42 EÜ).

Weißt du, was das »Eine« war, das Maria tat? Sie setzte sich zu Jesu Füßen und hörte sein Wort.

Wenn vieles auf dich einstürmt, wenn allerhand von dir erwartet wird und du vor großen Herausforderungen stehst, taucht häufig der Feind auf. Er redet dir die Lüge ein, dass Gott sich nicht um dich kümmert und du die Probleme in deinem Leben ganz allein bewältigen musst. In solchen Momenten solltest du auf keinen Fall Gott meiden, wie es der Feind gern hätte. Derselbe Jesus, der sagte: »Kommt alle her zu mir, die ihr müde seid und schwere Lasten tragt, ich will euch Ruhe schenken« (Matthäus 11,28), möchte, dass du zu ihm kommst und sein Wort hörst.

Auch wenn du keine Lust dazu hast, versuche trotzdem, sein Wort irgendwie in dich aufzunehmen. Du kannst Predigten hören, die Bibel lesen oder dir ein Andachtsbuch besorgen. Wenn du diese eine notwendige Sache tust, dann bin ich überzeugt, dass er dich in allen Bereichen deines Lebens zu Erfolg und Stabilität führen wird – sei es in deiner Ehe, deinem geistlichen Dienst, deinem Berufsleben oder im Hinblick auf deine körperliche und seelische Gesundheit.

Bewaffne dich mit Gottes Wort

Das Wort Gottes zur Hand zu haben ist extrem wichtig, besonders wenn man sich im Krieg gegen den Feind befindet. Erlaube dem Herrn, dich mit seinem Wort aufzubauen und zu stärken. Lege den Gürtel der Wahrheit an und lerne, jede Lüge und jeden Angriff des Feindes mit dem Schwert des Wortes Gottes zu kontern (siehe Epheser 6,14–17). Der Feind weiß, wie mächtig das Wort ist, und deshalb sagt uns Jesus, dass der Feind *sofort* kommt, um das Wort zu stehlen, bevor es in deinem Leben Wurzeln schlagen kann (siehe Markus 4,15).

Als unsere Kirche in den Anfangsjahren rasant wuchs, machte ich mir Gedanken, wie wir einen festen Ort für unsere Gottesdienste finden könnten. Gott führte mich zu einem Vers im Buch Rut und mit diesem Vers kämpfte ich gegen die Ängste, Sorgen und Bedenken, die mit der Suche nach dem passenden Gebäude verbunden waren.

Egal, wogegen du kämpfst, finde Verse, über die du nachdenken und die du über deine Situation aussprechen kannst. Wenn der Feind dich zum Beispiel mit Schlaflosigkeit attackiert, sprich Psalm 127,2 (GNB) aus: »Den Seinen gibt er gesunden Schlaf.« Wenn du dich abmühst, um über die Runden zu kommen, erkläre: »Mein Gott aber wird euch durch Christus Jesus alles, was ihr nötig habt, aus dem Reichtum seiner Herrlichkeit schenken« (Philipper 4,19 EÜ). Ich habe auf den Seiten 100 bis 118 einige Verse aufgelistet, um dir den Anfang zu erleichtern. Ich bete, dass sie dir zum Segen werden und dir dabei helfen, jede Lüge des Feindes und jede Herausforderung zu überwinden.

Gib nicht auf, denn es gibt Hoffnung!

Lieber Freund, der Feind will dich denken lassen, dass es für dich keine Hoffnung gibt. Er will, dass du dich mutlos, hilflos und nutzlos fühlst. Aber du sollst wissen, dass die Bibel Gott den »Gott der Hoffnung« nennt (Römer 15,13 SLT). Diese »Hoffnung« ist im Neuen Testament *die zuversichtliche Erwartung von Gutem.*[9] Solange du Gott hast, hast du auch Hoffnung. Mit dem Gott der Hoffnung in deinem Leben kannst du immer eine glänzende Zukunft erwarten. Wie schlimm deine Umstände auch aussehen mögen, gib nicht auf. Lass dir vom Feind nicht die Lüge einreden, dass es keine Hoffnung gibt.

In der Bibel heißt es, Abraham »hat da, wo nichts zu hoffen war, auf Hoffnung hin geglaubt« (Römer 4,18 SLT). Rein menschlich gesehen war Abrahams Situation hoffnungslos. Seine Frau konnte ihm keine Kinder gebären, auch nicht, als sie noch jünger war. Und jetzt, da sie das natürliche gebärfähige Alter überschritten hatte, war es noch viel unwahrscheinlicher. Und obwohl es keinen Grund zur Hoffnung gab, hoffte Abraham weiter und glaubte an Gottes Versprechen, dass er ein Vater vieler Nationen werden würde. Heute wissen wir, dass Gott sein Versprechen erfüllte, als Sarah Isaak bekam (siehe 1. Mose 21,1–2). In der Bibel werden alle, die an Christus glauben, auch »Kinder Abrahams« genannt (siehe Galater 3,7).

Willst du wissen, wie du biblische Hoffnung bekommst? In Römer 15,4 (EÜ) steht: »Denn alles, was einst geschrieben worden ist, ist zu unserer Belehrung geschrieben, damit wir durch Geduld und durch den Trost der Schriften Hoffnung haben.« Wenn du merkst, dass du immer mehr verzweifelst und es nicht mehr schaffst, daran zu glauben, dass dir jemals etwas Gutes passieren wird, kannst du Hoffnung aus diesem Vers schöpfen! Der Heilige Geist hat ganz viele Beispiele für dich, die dir Hoffnung geben werden. Hör hin, wie der Herr zu dir sagt: »Ich werde das Tal von Achor … zum Tor der Hoffnung machen« (Hosea 2,15). »Achor« bedeutet »Unglück«.[10] Auch wenn du gerade in einem Tal des Unglücks bist, kann Gott ein Tor der Hoffnung vor dir öffnen.

Vielleicht ist dein Leben nicht so, wie du es erwartet hast. Vielleicht ist etwas Tragisches passiert. Ich kann nur vermuten, wie viel Schmerz du gerade durchmachst. Wir leben in einer gefallenen Welt und es geschehen hier schlimme Dinge. Aber darf ich dich trotz allem Unglück ermutigen, weiter zu hoffen? Der Gott der Hoffnung sitzt immer noch auf seinem Thron. Verliere nicht den Mut. In der Bibel wird dir versprochen, dass du in deinem Leben noch sehen wirst, wie gut Gott ist (siehe Psalm 27,13). Auch wenn Sorgen und Probleme kommen, darfst du dich trotzdem freuen (siehe Römer 5,3). Deine Probleme oder die Krankheit, die du vielleicht gerade hast, kommen nicht von Gott, aber er kann alles, was der Teufel dir zufügt, nehmen und dafür sorgen, dass es zu deinem Besten dient!

SCHLUSSWORT

Ich möchte dir zum Schluss dieses Buches noch sagen, dass deine Mutlosigkeit und Depression nicht bestimmen, wer du bist. Sieh dich nicht an und denke: *Ich bin ein Alkoholiker/Drogenabhängiger/Krebspatient* oder: *Ich bin depressiv/suizidgefährdet.* Lass dir vom Feind nicht einen Haufen Lügen erzählen. DU BIST EIN KIND GOTTES und nur dein himmlischer Vater hat das Recht, dir einen Namen zu geben. Du bist so, wie Gott es sagt, und nicht so, wie die Welt, der Typ, der dich mobbt, oder der Feind es behaupten. Rahel aus der Bibel wollte ihren Sohn Ben-Oni nennen, was »Sohn meiner Trauer« bedeutet, weil sie ihn unter Schmerzen und Leiden zur Welt gebracht hatte. Aber sein Vater Jakob änderte seinen Namen in Benjamin, was »Sohn des Glücks« bedeutet (1. Mose 35,18 ELB).

Lass dich nicht mehr auf die Psychospielchen des Feindes ein. Du bist ein Sohn, eine Tochter des allmächtigen Gottes. Für dich gilt, was in 1. Petrus 2,9 steht: »Ihr seid ein auserwähltes Volk. Ihr seid eine königliche Priesterschaft, Gottes heiliges Volk, sein persönliches Eigentum. So seid ihr ein lebendiges Beispiel für die Güte Gottes, denn er hat euch aus der Finsternis in sein wunderbares Licht gerufen.« Du bist in Christus und sitzt dort mit ihm »hoch [erhoben] über jegliche Hoheit und Gewalt, Macht und Herrschaft und über jeden Namen, der nicht nur in dieser Weltzeit, sondern auch in der künftigen genannt wird« (Epheser 1,20–21; 2,6 EÜ). »Damit alle im Himmel, auf der Erde und unter der Erde ihr Knie beugen vor dem Namen Jesu« (Philipper 2,10 EÜ). Die Depressionen haben kein Recht, in dir zu bleiben. Die posttraumatische Belastungsstörung hat kein Recht, in dir zu bleiben. Angst hat kein Recht, in dir zu bleiben. Diese Dinge haben keine andere Wahl, als sich dem Namen Jesu zu beugen.

Ganz gleich, welche Stürme du im Moment erlebst, und egal, wie schlimm die Umstände aussehen mögen, du musst wissen, dass der Herr Jesus bei dir ist. *Sar-Schalom*, der Friedensfürst, ist in deinem Boot, und der Wind und die Wellen haben keine andere Wahl, als sich vor ihm zu beugen. Verzweifle nicht. Hab keine Angst – »er, der in euch ist, ist größer als jener, der in der Welt ist« (1. Johannes 4,4 EÜ). Mit Gott an deiner Seite bist du in der Überzahl und ich bete, dass du wie Elisas Diener sehen kannst, dass deine Truppe größer ist als die des Feindes (siehe 2. Könige 6,16–17).

Hab keine Angst, wenn du die Riesen in deinem Leben siehst. Weil du deinen Gott kennst und weißt, was er für dich getan hat, kannst du stark sein und auch so handeln (siehe Daniel 11,32). Weil du deinen Gott kennst, kannst du deinen Goliat ansehen und sagen: »Wer ist dieser unbeschnittene Philister überhaupt, dass er das Heer des lebendigen Gottes verhöhnen darf?« (1. Samuel 17,26). Weil du deinen Gott kennst, kannst du deine Riesen als Brot betrachten, das dich nur stärker macht (siehe 4. Mose 14,9).

Ich weiß zwar nicht, womit genau du kämpfst, aber eines weiß ich: Der Kampf ist nicht deine, sondern Gottes Sache (siehe 2. Chronik 20,15). Wenn er kämpft, brauchst du nicht zu kämpfen. Du darfst ruhig stehenbleiben und zusehen, wie der Herr den Sieg für dich erringt (siehe 2. Chronik 20,17 GNB). Es wird alles gut, mein Freund. Egal, wie deine Riesen aussehen oder wie heftig dein Kampf ist, am Ende zeigt sich Gottes ruhmreicher Sieg. Dein Herr Jesus wird nicht ruhen, bis er die Angelegenheit für dich abgeschlossen hat (siehe Rut 3,18). Und gerade jetzt prophezeie ich dir, dass du nach deinen Feinden suchen und sie nicht finden wirst. Diejenigen, die gegen dich Krieg geführt haben, werden vollkommen verschwinden (siehe Jesaja 41,12)!

Ich behalte dich im Gebet, und ich warte auf gute Neuigkeiten von dir. Schreib gern an mein Team über *JosephPrince.com/testimony*, wenn dein Durchbruch kommt. David köpfte Goliat mit demselben Schwert, mit dem Goliat versucht hatte, ihn zu töten. Und so wird es auch bei dir sein. Es gibt ein Sprichwort, das besagt: »Es hat keinen Sinn, auf ein totes Pferd einzuschlagen.« Wenn du keine Bedrohung für den Feind wärst, hätte der Feind keinen Grund gehabt, dich anzugreifen. Ich glaube daher, dass Gott einen großartigen Plan für dein Leben hat und der Feind deshalb alles versucht hat, um diesen Plan scheitern zu lassen. Aber weißt du was? Er hat sich den Falschen ausgesucht. Dein Zeugnis soll andere ermutigen, die ähnliche Kämpfe durchmachen. Der Feind soll es noch bitter bereuen, dass er versucht hat, sich an dir zu vergreifen!

GOTTES ZUSAGEN AN DICH

Gott liebt dich und du bist ihm wichtig. Er weiß, dass es Tage gibt, an denen du dich total einsam fühlst oder in Verzweiflung und Hoffnungslosigkeit versinkst. Die Bibel ist voller Zusagen von Gott, die dir ganz sicher Mut machen werden. Ich habe nachfolgend einige Bibelverse zusammengestellt, darunter auch die, die ich in diesem Buch verwendet habe. Ich bete, dass sie dich stärken und dir helfen werden, über deine Schwierigkeiten und Probleme hinauszublicken.

»Ich habe das Seufzen der Israeliten gehört, die von den Ägyptern versklavt werden. Und ich habe an meinen Bund mit ihnen gedacht. Richte deshalb den Israeliten aus: ›Ich bin der Herr; ich werde euch aus der Sklaverei in Ägypten führen und aus der Zwangsarbeit retten. Ich werde euch mit großer Macht befreien und die Ägypter hart bestrafen.

Ich werde euch zu meinem Volk machen, und ich werde euer Gott sein. Und ihr sollt erkennen, dass ich der Herr, euer Gott, bin, der euch aus der Sklaverei in Ägypten führt. Ich werde euch in das Land bringen, das ich Abraham, Isaak und Jakob mit erhobener Hand versprochen habe, und es euch als Besitz geben. Ich bin der Herr!« — 2. Mose 6,5–8

»Hab keine Angst und verliere nicht den Mut, denn der Herr selbst wird vor dir hergehen. Er wird bei dir sein. Er wird sich nicht von dir zurückziehen und dich nicht im Stich lassen!« — 5. Mose 31,8

Herr, du bist mein Licht, du, Herr, hast meine Finsternis erhellt. — 2. Samuel 22,29

Doch du, Herr, umgibst mich mit deinem Schutz, du bist meine Ehre und richtest mich auf. Ich rufe zum Herrn, und er antwortet mir von seinem heiligen Berg. — Psalm 3,4–5

Ich will mich in Frieden hinlegen und schlafen, denn du allein, Herr, gibst mir Geborgenheit. — Psalm 4,9

Der HERR ist mein Hirte,
nichts wird mir fehlen.
Er weidet mich auf saftigen Wiesen
und führt mich zu frischen Quellen.
Er gibt mir neue Kraft.
Er leitet mich auf sicheren Wegen
und macht seinem Namen damit alle Ehre.
Auch wenn es durch dunkle Täler geht,
fürchte ich kein Unglück,
denn du, HERR, bist bei mir.
Dein Hirtenstab gibt mir Schutz und Trost.
Du lädst mich ein und deckst mir den Tisch vor den Augen meiner Feinde.
Du begrüßt mich wie ein Hausherr seinen Gast
und füllst meinen Becher bis zum Rand.
Deine Güte und Liebe begleiten mich Tag für Tag;
in deinem Haus darf ich bleiben mein Leben lang.
— Psalm 23,1–6 HFA

Doch ich vertraue fest darauf, dass ich noch sehen werde, wie gut Gott ist, solange ich lebe.
Vertraue auf den Herrn! Sei mutig und tapfer und hoffe geduldig auf den Herrn!
— Psalm 27,13–14

Er hat mich verteidigt und beschützt,
auf ihn kann ich mich verlassen.
Er hat mir geholfen, darum freue ich mich
und danke ihm mit meinem Lied.
Der Herr ist ein machtvoller Schutz für sein Volk.
— Psalm 28,7–8 GNB

Du hast meine Trauer in einen Tanz voller Freude verwandelt.
Du hast mir die Trauergewänder ausgezogen und mir Freude geschenkt. — Psalm 30,12

Ich dachte schon in meiner Angst, ich wäre aus deiner Nähe verbannt.
Doch du hast mich gehört, als ich um Hilfe schrie. …
Ihr, die ihr auf den Herrn vertraut, seid stark, fasst Mut! — Psalm 31,22.24 GNB

Der Herr hört sein Volk, wenn es ihn um Hilfe anfleht, und rettet es aus aller Not.
Der Herr ist allen nahe, die verzweifelt sind;
er rettet die, die den Mut verloren haben.
Wer auf den Herrn vertraut, erleidet zwar vieles,
doch der Herr errettet ihn aus aller Not.
— Psalm 34,18–20

Der Herr freut sich an einem aufrichtigen Menschen
und führt ihn sicher.
Auch wenn er stolpert, wird er nicht fallen,
denn der Herr hält ihn fest an der Hand.
— Psalm 37,23–24

Er rettete mich aus dem Sumpf der Verzweiflung,
aus Matsch und Schlamm.
Er stellte mich auf festen Boden
und gab meinen Füßen festen Halt.
Er legte mir ein neues Lied in meinen Mund …
— Psalm 40,2–4

Gott ist unsre Zuflucht und unsre Stärke,
er hat sich als Hilfe in der Not bewährt. — Psalm 46,2

Wer im Schutz des Höchsten lebt,
der findet Ruhe im Schatten des Allmächtigen.
Der spricht zu dem Herrn:
Du bist meine Zuflucht und meine Burg,
mein Gott, dem ich vertraue. — Psalm 91,1–2

Danket dem Herrn, denn er ist gut und seine Gnade
bleibt ewig bestehen. — Psalm 118,29

Von Generation zu Generation währt deine Treue.
Du hast die Erde gegründet, und sie steht.
— Psalm 119,90 ELB

Ich schaue hinauf zu den Bergen –
woher wird meine Hilfe kommen?
Meine Hilfe kommt vom Herrn,
der Himmel und Erde gemacht hat.
Er wird nicht zulassen, dass du stolperst und fällst;
der dich behütet, schläft nicht.
Siehe, der Israel behütet, wird nicht müde und schläft nicht.
Der Herr selbst behütet dich!
Der Herr ist dein schützender Schatten über deiner rechten Hand.
Die Sonne wird dir am Tag nichts anhaben
noch der Mond bei Nacht.
Der Herr behütet dich vor allem Unheil
und bewahrt dein Leben.
Der Herr behütet dich, wenn du kommst und wenn du wieder gehst,
von nun an bis in Ewigkeit.
— Psalm 121,1–8

Es ist vergeblich, vom frühen Morgen bis in die späte Nacht hart zu arbeiten, immer in Sorge, ob ihr genug zu essen habt, denn denen, die Gott lieben, gibt er es im Schlaf. — Psalm 127,2

Der HERR hält alle, die da fallen,
und richtet alle auf, die niedergeschlagen sind.
— Psalm 145,14 LUT

Er schenkt denen Heilung, die ein gebrochenes Herz haben und verbindet ihre schmerzenden Wunden.
— Psalm 147,3 NGÜ

Denn sie [die Worte Gottes] sind das Leben denen, die sie finden, und heilsam ihrem ganzen Leib.
— Sprüche 4,22 SLT

Zwei haben es besser als einer allein, denn zusammen können sie mehr erreichen. Stürzt einer von ihnen, dann hilft der andere ihm wieder auf die Beine. Doch wie schlecht steht es um den, der alleine ist, wenn er hinfällt! Niemand ist da, der ihm wieder aufhilft! — Prediger 4,9–10 HFA

Und es wird geschehen an jenem Tag, da wird seine Last von deinen Schultern weichen und sein Joch von deinem Hals; ja, das Joch wird zersprengt werden wegen der Salbung. — Jesaja 10,27 SLT

Die mit einem festen Sinn umgibst du mit Frieden, weil sie ihr Vertrauen auf dich setzen! — Jesaja 26,3

Er gibt den Müden Kraft
und die Schwachen macht er stark.
Selbst junge Leute werden kraftlos,
die Stärksten erlahmen.
Aber alle, die auf den Herrn vertrauen,
bekommen immer wieder neue Kraft,
es wachsen ihnen Flügel wie dem Adler.
Sie gehen und werden nicht müde,
sie laufen und brechen nicht zusammen.
— Jesaja 40,29–31 GNB

Fürchte dich nicht, denn ich stehe dir bei;
hab keine Angst, denn ich bin dein Gott!
Ich mache dich stark, ich helfe dir,
mit meiner siegreichen Hand beschütze ich dich!
— Jesaja 41,10 HFA

Vergeblich wirst du dich umsehen nach denen,
die Krieg mit dir führten – du wirst sie nicht mehr finden.
Wo sind sie geblieben, deine Feinde?
Sie sind verschwunden, als ob es sie nie gegeben hätte. — *Jesaja* 41,12 HFA

Er war verachtet und von den Menschen verlassen,
ein Mann der Schmerzen und mit Leiden vertraut,
wie einer, vor dem man das Gesicht verbirgt.
Er war verachtet, und wir haben ihn nicht geachtet.
Jedoch unsere Leiden – er hat sie getragen,
und unsere Schmerzen – er hat sie auf sich geladen.
Wir aber, wir hielten ihn für bestraft,
von Gott geschlagen und niedergebeugt.
Doch er war durchbohrt um unserer Vergehen willen,
zerschlagen um unserer Sünden willen.
Die Strafe lag auf ihm zu unserm Frieden,
und durch seine Striemen ist uns Heilung geworden.
— *Jesaja* 53,3–5 ELB

Keiner Waffe, die gegen dich geschmiedet wird, soll es gelingen;
und jede Zunge, die vor Gericht gegen dich aufsteht, wirst du schuldig sprechen.
Das ist das Erbteil der Knechte des HERRN
und ihre Gerechtigkeit von mir her, spricht der HERR. — Jesaja 54,17 ELB

[Der HERR hat mich gesandt,] um alle Trauernden zu trösten,
den Trauernden Zions Schmuck zu geben anstelle von Asche,
Freudenöl statt Trauer,
ein Gewand des Ruhms statt eines verzagten Geistes.
Man wird sie Eichen der Gerechtigkeit nennen,
Pflanzung des HERRN zum herrlichen Glanz.
— Jesaja 61,2–3 EÜ

Die erlittene Schmach wird euch doppelt vergolten,
und zum Ausgleich für die Schande werden sie frohlocken über ihr Teil;
denn sie werden in ihrem Land ein doppeltes Erbteil erlangen,
und ewige Freude wird ihnen zuteilwerden.
— Jesaja 61,7 SLT

Doch Segen soll über alle kommen, die allein auf mich, den Herrn, ihr Vertrauen setzen!
Sie sind wie Bäume, die am Wasser stehen und ihre Wurzeln zum Bach hin ausstrecken.
Sie fürchten nicht die glühende Hitze;
ihr Laub bleibt grün und frisch. Selbst wenn der Regen ausbleibt, leiden sie keine Not.
Nie hören sie auf, Frucht zu tragen.
— Jeremia 17,7–8 GNB

»Dann werde ich zuverlässige Hirten einsetzen, die für sie sorgen werden, sodass sie keine Angst mehr haben müssen. Sie sollen auch nicht mehr erschreckt werden und kein einziges von ihnen soll je verloren gehen«, spricht der Herr. — Jeremia 23,4

»Denn ich weiß genau, welche Pläne ich für euch gefasst habe«, spricht der Herr. »Mein Plan ist, euch Heil zu geben und kein Leid. Ich gebe euch Zukunft und Hoffnung.« — Jeremia 29,11

Von dort aus werde ich ihr ihre Weinberge zurückgeben und das Tal von Achor zum Tor der Hoffnung machen. — Hosea 2,17

Denn der Herr, dein Gott, lebt in deiner Mitte.
Er ist ein mächtiger Retter.
Er wird sich mit Jubel über dich freuen.
Mit seiner Liebe wird er all deine Ängste besänftigen.
Er wird sich über dich mit fröhlichen Liedern freuen.
— *Zefanja* 3,17 NLT

Kehrt heim, ihr Gefangenen, in die Stadt, die euch Schutz bietet!
Ihr habt nicht vergeblich gehofft! Heute verspreche ich euch:
Ihr werdet doppelt entschädigt für das, was ihr erlitten habt!
— *Sacharja* 9,12 HFA

»Darum sage ich euch: Macht euch keine Sorgen um euren Lebensunterhalt, um Nahrung und Kleidung! Bedeutet das Leben nicht mehr als Essen und Trinken, und ist der Mensch nicht wichtiger als seine Kleidung? Seht euch die Vögel an! Sie säen nichts, sie ernten nichts und sammeln auch keine Vorräte. Euer Vater im Himmel versorgt sie. Meint ihr nicht, dass ihr ihm viel wichtiger seid?«
— *Matthäus* 6,25–26 HFA

»Kommt alle her zu mir, die ihr müde seid und schwere Lasten tragt, ich will euch Ruhe schenken.« — Matthäus 11,28

»Der gute Boden aber meint schließlich die Menschen, die Gottes Botschaft hören und annehmen und reiche Frucht bringen – dreißig-, sechzig-, ja hundertmal so viel, wie gesät wurde.« — Markus 4,20

»Ein Dieb will rauben, morden und zerstören. Ich aber bin gekommen, um ihnen das Leben in ganzer Fülle zu schenken.« — Johannes 10,10

»Hier auf der Erde werdet ihr viel Schweres erleben. Aber habt Mut, denn ich habe die Welt überwunden.« — Johannes 16,33

Wir freuen uns auch dann, wenn uns Sorgen und Probleme bedrängen, denn wir wissen, dass wir dadurch lernen, geduldig zu werden. Geduld aber macht uns innerlich stark, und das wiederum macht uns zuversichtlich in der Hoffnung auf die Erlösung. Und in dieser Hoffnung werden wir nicht enttäuscht werden. — Römer 5,3–5

Was kann man dazu noch sagen? Wenn Gott für uns ist, wer kann da noch gegen uns sein?
— Römer 8,31

Deshalb bete ich, dass Gott, der euch Hoffnung gibt, euch in eurem Glauben mit Freude und Frieden erfüllt, sodass eure Hoffnung immer größer wird durch die Kraft des Heiligen Geistes.
— Römer 15,13

Durch ihn aber seid ihr in Christus Jesus, der uns von Gott gemacht worden ist zur Weisheit, zur Gerechtigkeit, zur Heiligung und zur Erlösung.
— 1. Korinther 1,30 SLT

Noch ist keine Versuchung über euch gekommen, die den Menschen überfordert.
Gott ist treu; er wird nicht zulassen, dass ihr über eure Kraft hinaus versucht werdet.
Er wird euch mit der Versuchung auch einen Ausweg schaffen, sodass ihr sie bestehen könnt.
— 1. Korinther 10,13 EÜ

Gepriesen sei Gott, der Vater von Jesus Christus, unserem Herrn. Er ist der Ursprung aller Barmherzigkeit und der Gott, der uns tröstet. In allen Schwierigkeiten tröstet er uns, damit wir andere trösten können. Wenn andere Menschen in Schwierigkeiten geraten, können wir ihnen den gleichen Trost spenden, wie Gott ihn uns geschenkt hat. — 2. Korinther 1,3–4

Der Herr aber ist der Geist, und wo immer der Geist des Herrn ist, ist Freiheit. — 2. Korinther 3,17

Von uns allen wurde der Schleier weggenommen, sodass wir die Herrlichkeit des Herrn wie in einem Spiegel sehen können. Und der Geist des Herrn wirkt in uns, sodass wir ihm immer ähnlicher werden und immer stärker seine Herrlichkeit widerspiegeln. — 2. Korinther 3,18

Wenn also jemand in Christus ist, dann ist er eine neue Schöpfung: Das Alte ist vergangen, siehe, Neues ist geworden. — 2. Korinther 5,17 EÜ

Er hat den, der keine Sünde kannte, für uns zur Sünde gemacht, damit wir in ihm Gerechtigkeit Gottes würden. — 2. Korinther 5,21 EÜ

Denn ihr kennt die Gnade unseres Herrn Jesus Christus: Er, der reich war, wurde euretwegen arm, um euch durch seine Armut reich zu machen. — 2. Korinther 8,9 EÜ

Christus hat uns vom Fluch des Gesetzes freigekauft, indem er für uns zum Fluch geworden ist; denn es steht geschrieben: Verflucht ist jeder, der am Holz hängt. Jesus Christus hat uns freigekauft, damit den Völkern durch ihn der Segen Abrahams zuteilwird und wir so durch den Glauben den verheißenen Geist empfangen. — Galater 3,13–14 EÜ

Gepriesen sei der Gott und Vater unseres Herrn Jesus Christus, der uns gesegnet hat mit jedem geistlichen Segen in den himmlischen [Regionen] in Christus. — Epheser 1,3 SLT

In ihm haben wir die Erlösung durch sein Blut, die Vergebung der Sünden nach dem Reichtum seiner Gnade. — Epheser 1,7 EÜ

Durch die mächtige Kraft, die in uns wirkt, kann Gott unendlich viel mehr tun, als wir je bitten oder auch nur hoffen würden. — Epheser 3,20

Steht also da, eure Hüften umgürtet mit Wahrheit, angetan mit dem Brustpanzer der Gerechtigkeit, die Füße beschuht mit der Bereitschaft für das Evangelium des Friedens. Vor allem greift zum Schild des Glaubens! Mit ihm könnt ihr alle feurigen Geschosse des Bösen auslöschen. Und nehmt den Helm des Heils und das Schwert des Geistes, das ist das Wort Gottes! — Epheser 6,14–17 EÜ

Sorgt euch um nichts, sondern betet um alles. Sagt Gott, was ihr braucht, und dankt ihm. Ihr werdet Gottes Frieden erfahren, der größer ist, als unser menschlicher Verstand es je begreifen kann. Sein Friede wird eure Herzen und Gedanken im Glauben an Jesus Christus bewahren. — Philipper 4,6–7

Im Übrigen, Brüder und Schwestern: Was immer wahrhaft, edel, recht, was lauter, liebenswert, ansprechend ist, was Tugend heißt und lobenswert ist, darauf seid bedacht! — Philipper 4,8 EÜ

Und mein Gott wird euch aus seinem großen Reichtum, den wir in Christus Jesus haben, alles geben, was ihr braucht. — Philipper 4,19

Lasst uns deshalb zuversichtlich vor den Thron unseres gnädigen Gottes treten. Dort werden wir Barmherzigkeit empfangen und Gnade finden, die uns helfen wird, wenn wir sie brauchen. — Hebräer 4,16

Gott selbst hat gesagt: »Ich werde dich in keiner Weise enttäuschen, dich nicht aufgeben und dir niemals meine Unterstützung verweigern. Ich werde dich auf keinen Fall, nie und nimmer, hilflos zurücklassen, noch dich vergessen, im Stich lassen oder dich loslassen! Ganz gewiss nicht!« — Hebräer 13,5 AMP

Aber ihr seid anders, denn ihr seid ein auserwähltes Volk. Ihr seid eine königliche Priesterschaft, Gottes heiliges Volk, sein persönliches Eigentum. So seid ihr ein lebendiges Beispiel für die Güte Gottes, denn er hat euch aus der Finsternis in sein wunderbares Licht gerufen. — 1. Petrus 2,9

Deshalb beugt euch demütig unter die Hand Gottes, dann wird er euch ehren, wenn die Zeit dafür gekommen ist. Überlasst all eure Sorgen Gott, denn er sorgt sich um alles, was euch betrifft! Seid besonnen und wachsam und jederzeit auf einen Angriff durch den Teufel, euren Feind, gefasst! Wie ein brüllender Löwe streift er umher und sucht nach einem Opfer, das er verschlingen kann. Ihm sollt ihr durch euren festen Glauben widerstehen. Macht euch bewusst, dass alle Gläubigen in der Welt diese Leiden durchmachen. — 1. Petrus 5,6–9

Wirf all deine Sorgen (all deine Ängste, all deine Befürchtungen und all deine Nöte ein für allemal) auf ihn, denn er sorgt für dich (mit tiefer Zuneigung, und er gibt sehr sorgfältig auf dich acht). — 1. Petrus 5,7 AMP

Darin ist unter uns die Liebe vollendet, dass wir am Tag des Gerichts Zuversicht haben. Denn wie er, so sind auch wir in dieser Welt. — 1. Johannes 4,17 EÜ

ANMERKUNGEN

1. Ducharme, Jamie. »A Disturbing Trend on the Rise«. *Time*, 18. Juni 2018. http://time.com/5304227/suicide-on-the-rise/.
2. OT: 3444, Joseph Henry Thayer, Francis Brown, Samuel Rolles Driver und Charles Augustus Briggs, *The Online Bible Thayer's Greek Lexicon and Brown Driver & Briggs Hebrew Lexicon*. Copyright © 1993, Woodside Bible Fellowship, Ontario, Canada. Lizenziert vom Institute for Creation Research.
3. Shrier, Cahleen. »The Science of the Crucifixion«, *APU Life* (Frühjahr 2002). https://www.apu.edu/articles/15657/.
4. OT: 2781, James Strong, *Biblesoft's New Exhaustive Strong's Numbers and Concordance with Expanded Greek-Hebrew Dictionary*. Copyright © 1994, 2003, 2006 Biblesoft, Inc. and International Bible Translators, Inc.
5. »Bullying and Depression«. *Bullying Statistics: Anti-Bullying Help, Facts, and More*. http://www.bullyingstatistics.org/content/bullying-and-depression.html (abgerufen am 01.08.2018).
6. Bevilacqua M., Fanti G., D'Arienzo M. »The Causes of Jesus' Death in the Light of the Holy Bible and the Turin Shroud«. *Open Journal of Trauma* 1(2) (11. April 2017): 037-046. DOI: http://dx.doi. org/10.17352/ojt.000009.
7. Mercola, Joseph. »How Sunlight Affects Your Mental Health«. https://articles.mercola.com/sites/articles/archive/2016/12/01/sunlight-depression.aspx (abgerufen am 02.08.2018).

8. OT: 5027, James Strong, *Biblesoft's New Exhaustive Strong's Numbers and Concordance with Expanded Greek-Hebrew Dictionary.* Copyright © 1994, 2003, 2006 Biblesoft, Inc. und International Bible Translators, Inc.
9. NT: 1680, William Edwy Vine, *Vine's Expository Dictionary of Biblical Words.* Copyright © 1985, Thomas Nelson Publishers.
10. OT: 5911, Joseph Henry Thayer, Francis Brown, Samuel Rolles Driver und Charles Augustus Briggs, *The Online Bible Thayer's Greek Lexicon and Brown Driver & Briggs Hebrew Lexicon.* Copyright © 1993, Woodside Bible Fellowship, Ontario, Canada. Lizenziert vom Institute for Creation Research.

ZUSÄTZLICHE AUDIOBOTSCHAFTEN

In zusätzlichen Audiobotschaften (auf Englisch) kannst du Joseph Prince über die biblischen Prinzipien und Wahrheiten predigen hören, die in den einzelnen Kapiteln dieses Buchs angesprochen werden. Besuche dazu *josephprince.com/mindgames.*

Kapitel eins

Win over Discouragement, Depression and Burnout

Peace Keeps What Grace Gives

Receive Restoration as You Walk with Jesus

Just a Groan Will Reach the Throne

How to Pray When You Have No Prayer

Kapitel zwei

The Power of Right Believing

What »Spiritual Blessings« and »Redemption« Really Mean

Five Words to Live By – The Battle Is the Lord's

Your Inheritance – All Things Work Together for Good

Kapitel drei

Why the Finished Work Begins in Your Mind

See the Father's Love for You (Part 2)

A Love Beyond Time – The Bride of Christ

The Cross – Your Redemption from Shame and Reproach

Got a Weakness? God Can Use You!

Double Honor for Your Shame

Kapitel vier

Why You Can Hope against All Hope

Why the Finished Work Begins in Your Mind

Look at the Bronze Serpent – God's Provision for Your Every Need

Under Attack? Put On the Armor of God!

The Power of Right Believing

Learn to See What God Sees

Never Alone, Always Cared For

MÖCHTEST DU JESUS PERSÖNLICH KENNENLERNEN?

Wenn du alles, was Jesus für dich getan hat, empfangen willst und ihn zu deinem Herrn und Retter machen möchtest, dann sprich bitte folgendes Gebet:

Herr Jesus, danke, dass du mich liebst und für mich am Kreuz gestorben bist. Dein kostbares Blut reinigt mich von jeder Sünde. Du bist mein Herr und mein Retter, jetzt und für immer. Ich glaube, dass du von den Toten auferstanden bist und dass du heute lebst. Dank deines vollbrachten Werks bin ich jetzt ein geliebtes Kind Gottes, und der Himmel ist mein Zuhause. Danke, dass du mir das ewige Leben gegeben hast; danke, dass du mein Herz mit deinem Frieden und deiner Freude erfüllt hast. Amen.

WIR FREUEN UNS, VON DIR ZU HÖREN!

Wenn du das Gebet für deine Errettung gebetet hast oder uns nach dem Lesen dieses Buches gerne ein Zeugnis erzählen möchtest, schreib uns:

www.JosephPrince.de/Zeugnis

BESONDERER DANK

Besonderer Dank und Anerkennung gelten all denen, die uns ihre Zeugnisse zugesandt haben. Bitte beachte, dass alle Zeugnisse in gutem Glauben erhalten und nur der Kürze und der sprachlichen Flüssigkeit halber bearbeitet wurden. Die Namen der Verfasser wurden zum Schutz ihrer Privatsphäre geändert.

BLEIBE MIT JOSEPH IN KONTAKT

Über die folgenden Social-Media-Kanäle kannst du mit Joseph in Kontakt bleiben und täglich inspirierende Impulse (in englischer Sprache) erhalten:

Facebook.com/JosephPrince
Twitter.com/JosephPrince
Youtube.com/@JosephPrince
Instagram: @JosephPrince

KOSTENLOSE TÄGLICHE ANDACHT PER E-MAIL

Trage dich unter **JosephPrince.de/Andachten** in den Verteiler für Josephs kostenlose E-Mail-Andachten ein und erhalte jeden Tag kurze Botschaften, die dir helfen, in der Gnade zu wachsen.

ÜBER JOSEPH PRINCE

Joseph Prince verkündigt seit über zwei Jahrzehnten Gottes Wort auf neue, erfrischende Weise und hebt dabei die Größe Jesu hervor. Er ist leitender Pastor der New Creation Church in Singapur, einer dynamischen Gemeinde, die jeden Sonntag mehr als 32.000 Gottesdienstbesucher zählt. Joseph ist außerdem als Sprecher auf Konferenzen unterwegs und auch im deutschen Fernsehen zu sehen. Sein Fernsehdienst Joseph Prince Ministries hat zum Ziel, Menschen mit dem Evangelium von Jesus Christus aufzubauen, zu ermutigen und zu inspirieren. Weitere Informationen zu diesem Buch und zusätzliches Material von Joseph Prince sind auf *www.josephprince.de* verfügbar.

VERANKERT

Finde Frieden mitten im Sturm
Andachten für 28 Tage

Die Stürme des Lebens können heftig sein, aber die Stürme, die in uns wüten, sind die, die uns wirklich runterziehen können. Lies in diesem Andachtsbuch 28 Gedanken und lass sie zu einem Anker für dich werden. Es kann allein oder gemeinsam mit Freunden gelesen werden. Nach jeder Woche gibt es Platz für eigene Gedanken und Fragen zum Weiterdenken.

160 Seiten, Paperback, durchgehend farbig
Auch als E-Book und Hörbuch erhältlich.

DIE KRAFT DES RICHTIGEN GLAUBENS

Werde frei von Angst, Schuldgefühlen und Süchten

Was du glaubst, hat Macht! Wenn du ändern kannst, was du glaubst, kannst du dein Leben verändern; du kannst frei werden von Ängsten, Schuldgefühlen und Abhängigkeiten. Darum ist es so wichtig, das Richtige zu glauben. Pastor und Bestsellerautor Joseph Prince stellt sieben täglich anwendbare biblische Prinzipien vor, die dir zum Sieg verhelfen.

400 Seiten, Paperback
Auch als E-Book und Hörbuch erhältlich.